ARLAN ROQUE

EMPREENDEDORES de CORAÇÃO

Copyright© 2023 by Literare Books International
Todos os direitos desta edição são reservados à Literare Books International.

Presidente:
Mauricio Sita

Vice-presidente:
Alessandra Ksenhuck

Chief Product Officer:
Julyana Rosa

Diretora de projetos:
Gleide Santos

Capa, diagramação e projeto gráfico:
Gabriel Uchima

Foto da capa:
Rawpixel

Foto do autor:
Lailson Santos

Revisão:
Rodrigo Rainho

Chief Sales Officer:
Claudia Pires

Impressão:
Gráfica Paym

Dados Internacionais de Catalogação na Publicação (CIP)
(eDOC BRASIL, Belo Horizonte/MG)

R786e Roque, Arlan.
Empreendedores de coração / Arlan Roque. – São Paulo, SP: Literare Books International, 2023.
16 x 23 cm

ISBN 978-65-5922-683-2

1. Empreendedorismo. 2. Administração. 3. Sucesso nos negócios. I. Título.

CDD 658.4

Elaborado por Maurício Amormino Júnior – CRB6/2422

Alameda dos Guatás, 102 – Saúde– São Paulo, SP.
CEP 04053-040
Fone: +55 (0**11) 2659-0968
site: www.literarebooks.com.br
e-mail: literare@literarebooks.com.br

MISTO
Papel produzido a partir
de fontes responsáveis
FSC® C133282

Dedico este livro à minha doce Ana Paula e às minhas filhas Maria Luiza e Alice, que trazem tanta luz em minha vida e que todos os dias são motivos para que eu busque ser uma pessoa melhor.
Paula, Maria e Alice, amo vocês.

AGRADECIMENTOS

Sou muito feliz. Feliz por ter muito o que e a quem agradecer nesta vida. Realizar este trabalho é uma forma de agradecer a todos que trilharam e trilharão meus caminhos e de alguma forma me ensinam a prosseguir e perseverar, a ter garra e superar os obstáculos e distrações. Meu muito obrigado a vocês e aos que destaco aqui para representá-los.

Meu carinhoso muito obrigado a Ana Paula, minha esposa, por sua doçura, paciência, compreensão e, acima de tudo, companheirismo e incentivo.

Muito obrigado, dona Iracema, minha mãe, que desde antes mesmo de eu ter alguma consciência sobre a vida é um exemplo de pessoa que vai até o fim, de uma garra contagiante!

Ao meu irmão por escolha Alan Cunha, que me apresentou a obra de Angela Duckworth, que foi a semente da idealização deste livro.

Aos colegas que trabalham nas redes franqueadoras ou em alguns casos são os próprios donos das redes, que tiveram a confiança de prontamente indicarem os franqueados quando fiz o contato sobre o projeto: Alex Quezada, Altino Cristofoletti, André Pivetti, Carla Sarni, Daniel Zanco, Eduardo Felix, Edson Ramuth, Felipe Buranello, José Julião, Leonardo Paixão e Osvaldino Junior.

Antes mesmo de agradecer aos entrevistados que estão neste livro, peço licença a eles para agradecer seus pais, avós e tios, que formaram bases familiares tão inspiradoras e exemplares para seus filhos, netos e sobrinhos.

Agradeço profundamente a cada uma das pessoas que de forma tão gentil prontamente aceitaram o convite para participar deste projeto, compartilhando suas vidas e histórias que certamente levarão inspiração aos que tiverem a oportunidade de acesso a este livro.

Meu agradecimento também a todos os franqueados da rede que trabalho que, ainda que não saibam, todos os dias permitem que algo seja aprendido com eles e cada um tem uma beleza em sua história. Espero que se sintam representados no livro.

Aos amigos que contribuíram com a leitura dos capítulos durante a construção desta obra e retornaram com suas críticas e incentivos, fazendo assim uma construção colaborativa, como é o sistema de franquias.

A cada um dos colegas de trabalho que me permitiram estar ao lado, que tanto me ensinam, e que em momentos difíceis foram minhas inspirações e motivos para não desistir, para buscar garra, superação e perseverança.

Arlan Roque

"EU NÃO TEREI APENAS UM TRABALHO. TEREI UMA VOCAÇÃO. IREI ME DESAFIAR TODOS OS DIAS. QUANDO EU FOR DERRUBADA, ME LEVANTAREI. POSSO NÃO SER A PESSOA MAIS INTELIGENTE DA SALA, MAS SEMPRE TENTAREI SER A QUE TEM MAIS GARRA."

(ANGELA DUCKWORTH)

APRESENTAÇÃO

De antemão, o meu mais carinhoso muito obrigado por você ter chegado até aqui. Tenha certeza de que não foi ao acaso.

O que move você? O que faz seu coração vibrar e sua alma se encher de determinação? Como você enfrenta os desafios e supera as adversidades em sua jornada de vida?

Você já se imaginou em um daqueles momentos em que a vida parece um verdadeiro labirinto, cheio de obstáculos e encruzilhadas? É justamente nesses momentos que descobrimos do que somos feitos. E quando me refiro a vida e empreendedorismo, as trajetórias dos franqueados que apresentarei neste livro são verdadeiros exemplos de garra, superação e perseverança.

Sempre fui tocado por histórias que exigiam das pessoas o esforço, a criatividade, a vontade de fazer acontecer, mas sobretudo a atitude de ir até o fim, de não desistir enquanto houver chance de terminar o caminho, de perseverar. Às vezes, demoramos para entender um pouco isso, e após conhecer as obras de Viktor Frankl, especialmente seu mais conhecido livro, *Em busca de sentido*, e mais recentemente uma obra-prima que deveria ser leitura incentivada em todas as escolas e empresas, o livro Garra, o poder da paixão e da perseverança, de Angela Duckworth, me caiu essa ficha que remete justamente à primeira frase desta introdução: "o que faz seu coração vibrar?"

Então veio a ideia que seria uma injustiça, logo eu que tenho a oportunidade de há tantos anos vivenciar histórias tão emocionantes e envolventes em meu trabalho na área de franquias, não compartilhar isso com mais pessoas. Se, por um lado, este não é um livro técnico sobre o sistema de franquias, é um material que em cada história é possível perceber a parte mais concreta e objetiva desse modelo de negócio que é tão rico em oportunidades!

Seja bem-vindo a um universo onde a garra e a determinação se encontram com o sistema de franquias, abrindo caminhos inesperados para o sucesso. Aqui, você encontrará histórias fascinantes com relatos autênticos e emocionantes de pessoas que decidiram empreender em diferentes marcas e segmentos e tiveram a gentileza de abrir as portas de suas vidas e corações para compartilharem suas experiências.

Cada página deste livro é um convite para conhecer a jornada de pessoas comuns que transformaram suas vidas por meio do empreendedorismo. Este material tem a proposta de inspirar aqueles que sonham em empreender, bem como proporcionar novas perspectivas e ideias para empresários já estabelecidos ou mesmo levar exemplos e ensinamentos para os mais diversos campos do dia a dia da vida, ainda que não seja no caminho do empreendedorismo.

Você descobrirá como a coragem de enfrentar desafios e a determinação de seguir em frente, mesmo diante das adversidades, podem levar ao êxito. Afinal, o mundo das franquias é um terreno fértil para mentes inovadoras e empreendedoras, onde a combinação de uma marca consolidada com a visão e a dedicação de um franqueado pode gerar resultados surpreendentes.

Enquanto você se aventura nestas páginas, conhecerá, por meio de citações, ainda que curtas, as inspiradoras ideias de Viktor Frankl com a logoterapia, que nos convida a encontrar um sentido mais profundo em tudo o que fazemos. Pelas histórias desses franqueados, você perceberá como cada um deles encontrou seu propósito, seu sentido, transformando suas vidas e encontrando uma fonte inesgotável de significado em seus negócios, e Angela Duckworth, que nos ensina que o esforço e a garra se sobrepõem ao talento. As pessoas aqui retratadas, que personificam essas ideias, personificam essa prova viva de que a paixão ardente e a perseverança implacável são a chave para superar os obstáculos e alcançar o sucesso.

Agora, feche os olhos por um momento e se imagine dentro destas páginas. Você encontrará histórias que o farão rir, se emocionar e se identificar. Descobrirá caminhos tão desafiadores quanto recompensadores.

Então, se você está pronto para embarcar em uma aventura empreendedora única, pegue sua xícara de café ou a bebida de sua preferência e venha comigo nestas histórias fascinantes de garra, superação e perseverança.

É a sua vez de traçar seu próprio caminho, buscar seu propósito.

Arlan Roque

PREFÁCIO

Numa definição simples, *franchising* é um modelo de negócio que consiste na concessão do direito de uso pelo proprietário de uma marca (franqueador) a um investidor (franqueado). Sempre que me deparo com o conceito escrito, seja nos manuais de franquia, seja em livros de negócio e empreendedorismo, e fico me perguntando: será que é possível ser bem-sucedido no sistema apenas levando à risca uma definição que me parece tão fria, respeitando os manuais? Rapidamente, esboço um sorriso e digo a mim mesmo: "Eles não sabem de nada!".

Faço essa afirmação não porque sou um especialista no tema ou um consultor respeitado. Digo por experiência própria, de quem respira o *franchising* há 36 anos, quando comecei a trabalhar como vendedor em uma loja do Boticário. Falo com conhecimento de causa, de quem vive na prática o cotidiano desse sistema que é, ao mesmo tempo, atraente e desafiador, instigante e simples. Alcançar o sucesso como franqueado de uma ou mais marcas vai muito além de respeitar o manual. Exige uma relação de proximidade com a franqueadora, paixão pela marca e pelo negócio, criatividade para fazer melhor sem reinventar a roda, disposição para errar. Significa gostar de gente, investir em aprimoramento constante, pensar grande com os pés no chão, saber a hora que é preciso reduzir a velocidade para ganhar lá na frente.

Toda vez que me perguntam qual é a melhor franquia para investir, eu respondo: aquela que atende as suas expectativas, desperta brilho nos olhos, vontade de levantar todos os dias para ir lá e fazer acontecer. Não existe fórmula do sucesso, existe, sim, uma combinação de fatores que varia de pessoa para pessoa, de franqueado para franqueado.

Na minha trajetória de multifranqueado de marcas em segmentos diversos, já errei e acertei muito. Investi em franquias que acreditava terem muito potencial, mas que no meu portfólio não alcançaram os resultados esperados; apostei em pontos que tinham tudo para explodir e não aconteceram. Mas, no saldo, mais acertei do que errei, sinal de que aprendi muito nesses anos de estrada. Nada se faz sozinho, não há milagre no *franchising*!

Já nas primeiras páginas de *Empreendedores de coração*, me dei conta de que as trajetórias apresentadas compõem um retrato fiel de milhares de franqueados espalhados pelo Brasil. Gente que transformou sonho em realidade e cujas dores e desafios servem de inspiração para quem quer empreender. Não se trata de um livro técnico sobre o sistema de *franchising*. São páginas de muito aprendizado, emoção e verdade, de relatos únicos recheados de muita garra, resiliência, perseverança e superação. De cada um é possível extrair um ensinamento.

Com o casal Talita e André Bulhões, franqueados da Oggi Sorvetes, aprendemos que empreender significa estar aberto ao risco. "O único bem que tínhamos era o nosso carro, com dois anos de uso e adquirido com muito suor, era nossa maior realização até o momento". Quantos são capazes de tal desprendimento?

A trajetória de Gilmara Oening prova que "o que não dá certo precisa servir de aprendizado". Num mundo tão competitivo como o do *franchising* não há tempo para lamentações, é preciso virar a página rápido e aprender com os erros.

Ao passar parte da vida no Japão amealhando recursos para tornar seus sonhos realidade, Érica e Fernando confirmam que sem propósito nada acontece. "Eu posso estar aqui, preso a este momento, mas minha mente está visualizando o futuro... Passava o tempo todo pensando em meus planos de ser empresário no Brasil. Era o meu propósito maior. Esse pensamento e a clareza do propósito me ajudaram a enfrentar todos os obstáculos".

O propósito de Sanauá Peixoto é deixar um legado. Parei para pensar no tamanho desse desafio, algo que também me impus quando troquei a posição de vendedor pela de franqueado.

Muitos interessados em investir em franquia se deixam levar pela emoção, por suas preferências como consumidor. Poucos enxergam em negócios menos glamourosos o caminho da realização. Independentemente da área escolhida, uma coisa é certa: é preciso gostar de gente e ter sempre acesa a chama da ambição, como bem retratam os sócios Carina e Paulo, donos de oito lojas da Casa do Construtor. "Locação é serviço, e serviço é gente. Continuamos com planos de crescimento, afinal, se nós não abrirmos, alguém abrirá".

Todavia, uma das passagens que mais me chamou a atenção veio de Eduardo Montejano, um apaixonado pela pimenta da Chilli Beans. Sua fala não tem nada a ver diretamente com o negócio, mas, no fundo, é o segredo da sua perenidade: "Quando acho que estou fora do chão, com risco de perder a referência, pego o carro e vou lá para a rua que eu morava com a minha mãe. Paro e olho de onde vim e falo para mim mesmo: você veio daqui, não se esqueça".

Não é demais lembrar que toda trajetória é feita de erros e acertos. Porém, para acertar mais do que errar, é preciso se preparar. É o que faz Leandra Priante. Apesar da formação sólida, ela busca aprimoramento constante, e isso se reflete nos resultados. Mesmo depois de anos, eu também não baixo a guarda. Tem seminário, estou lá; tem palestra, lá vou eu para a fila do gargarejo; na convenção da marca, faço o social, mas também procuro absorver tudo o que os outros franqueados têm a ensinar. Costumo dizer que não há limite para o conhecimento.

Talvez a mensagem deixada pela Priscila Mena – "Eu não sou o que me aconteceu. Eu sou o que decidi fazer sobre o que me aconteceu" – sintetize esse comportamento.

Por fim, Arlindo Netto e Marcia do Rosário confirmam uma velha máxima: não basta acreditar, é preciso fazer. "Acredite nos seus sonhos. Só que não basta acreditar, tem de ir lá e lutar por eles. Só sonhar não faz acontecer", assegura Arlindo. Márcia vai além e reforça: "É preciso haver diálogo constante entre as duas partes, franqueador e franqueado, além de muito trabalho. Mas se tiver brilho no olhar e vontade de fazer certo, a diferença acontece".

Boa leitura!

Erik Cavalheri

Erik iniciou sua vida no *franchising* como vendedor de uma loja franqueada da rede O Boticário, entendendo que poderia prosperar como empreendedor, após esforços e muita determinação, adquiriu sua primeira unidade O Boticário, por meio de um repasse. Atualmente, é multifranqueado com um total de 25 operações entre as marcas O Boticário, Quem disse, Berenice? e Sun Glass Hut. Também é investidor em *startups*, sua vida já renderia um outro livro!

SUMÁRIO

1
QUANDO "ENTRAR NUMA FRIA" FOI A MELHOR DECISÃO!!!
p. 17

2
DE JAGUARUNA PARA O MUNDO
p. 33

3

O QUE EM ALGUM MOMENTO FOI UM "PINGO DE GENTE" TRANSBORDOU!

p. 49

4

VIDAS TRANSFORMADAS

p. 71

5

CONSTRUÇÃO EM FAMÍLIA

p. 93

6

**DIAS DE LUTA,
DIAS DE GLÓRIA...**

p. 107

7

**ÀS VEZES É NECESSÁRIO
MUDAR A DIREÇÃO
PARA CHEGAR
AO OBJETIVO**

p. 125

8

**MARIA É UM DOM,
UMA CERTA MAGIA...
É O SOM, É A COR, É O SUOR**

p. 141

9

SORRINDO E
FAZENDO SORRIR

p. 157

10

METE O PÉ
E VAI NA FÉ!

p. 177

11

ORIENTAÇÕES PARA
VOCÊ EMPREENDER
PELO SISTEMA DE
FRANQUIAS

p. 197

1

QUANDO "ENTRAR NUMA FRIA" FOI A MELHOR DECISÃO!!!

André e Talita compartilham com a gente uma trajetória inspiradora permeada por coragem, desafios superados e muitas alegrias! Daquelas que nos fazem rir e chorar!

SÓCIOS DE VIDA

Mais que sócios de negócio, são sócios de vida. Conheceram-se aos doze anos de idade quando estudavam na mesma escola, na zona leste de São Paulo, e a amizade tornou-se namoro quando tinham dezesseis anos. Um namoro que doze anos depois se transformou em casamento, quando os dois tinham vinte oito anos de idade.

Ambos vieram de famílias simples que precisavam de muito trabalho e esforço para manter o lar, com pais que trabalhavam como motoristas e mães que atuavam com vendas para compor a renda familiar, e talvez aí, ainda sem imaginar o que viria pela frente, possa estar um dos maiores legados que eles receberam!

"Não tivemos infância fácil, cheguei a ter água e luz cortada, mas tudo isso serviu para que eu desenvolvesse consciência de buscar uma condição diferente para meu futuro. Temos famílias com histórias muito semelhantes, não foram poucas as vezes que tínhamos vontade de comer alguma coisa e não havia essa possibilidade, mas temos consciência de que nossos pais faziam o melhor que podiam, sempre foram exemplo de pessoas muito trabalhadoras."

Essa situação colocou na cabeça de André que um de seus objetivos de vida seria evoluir, crescer e alcançar uma condição que lhe permitisse oferecer um futuro diferente para ele e seus pais.

No início de sua vida profissional, André entrou na área comercial, e embora não gostasse naquele momento, ou ainda não tivesse descoberto que no fundo tinha um grande talento para o comércio, aprendeu muito e seguiu nesse caminho, pois precisava trabalhar. Graduou-se em Logística, fez especialização em Gestão Estratégica de Vendas e outros cursos na área de vendas e varejo, e a vida acabou levando André, após trabalhar em algumas empresas na área de vendas, chegando a ser gestor de equipes, a ingressar em rede de franquias como gerente regional, tendo como principal papel ajudar os franqueados sob sua gestão a ter eficiência em sua *performance* comercial, mas, para isso, indo além da atividade comercial, ou seja, conhecendo e ensinando todos os aspectos de gestão da unidade franqueada, o que abriu um horizonte de conhecimento para André.

Passado algum tempo, já não havia mais o desejo de André continuar na empresa que estava, pois passou a ter alguns conflitos de valores, e aí veio o despertar de partir para um novo momento de vida!

> *"Eu já não queria mais ficar na empresa onde estava, pois alguns fatores e pilares conflitavam com meus valores de vida. Talita e eu sempre tivemos o pensamento em comum em ter algo próprio, em nos dedicarmos ao nosso sonho, pois, até então, dedicávamos nossa vida ao sonho dos outros."*

André acumulou em sua carreira profissional uma boa experiência em vendas e gestão comercial, Talita tinha mais de uma década de realizações e experiência na área de compras nas empresas por que passou, aí as vocações e vivências vestiam como uma luva.

> *"O que Talita faz nunca farei com excelência, por isso nos complementamos, juntamos o que temos de melhor."*

Ainda antes de se desligar da empresa, mas já com o plano em mente do que queria para o futuro, André, ao terminar o expediente e sair, parou em um supermercado para tomar um suco e espairecer um pouco e viu um quiosque que chamou sua atenção, algo que ainda não havia visto naquele modelo ou formato, era um quiosque de venda de sorvetes da marca Oggi. André, que sempre foi apaixonado por sorvetes, de todos os tipos, a ponto de parar para conhecer qualquer sorveteria, gelateria ou sorvete novo que conhecesse, foi até lá conversar com o atendente e compreender melhor do que se tratava, pois aquilo fez seus olhos brilharem, e dali mesmo ligou para Talita e disse que gostaria que olhassem melhor, que se aprofundassem mais, e a partir disso iniciaram o processo de aproximação e de conhecerem melhor a franquia. Marcaram uma reunião com as pessoas da franqueadora, foram assistir à apresentação do modelo de negócios, em meados de 2018, e gostaram do que ouviram! Saíram de lá apaixonados, mas aí é que está, havia um "pequeno" detalhe: não tinham o capital para fazer o negócio e, junto a isso, ainda que houvesse muita paixão, empolgação, também havia um pouco do fantasma do medo do que é novo!

"O único bem que tínhamos era nosso carro, com dois anos de uso e adquirido com muito suor, era nossa maior realização até o momento, mesmo assim decidimos vendê-lo."

Ali, André e Talita viveram a primeira situação que os colocou à prova nessa jornada, pois precisavam formalizar sua decisão junto à franqueadora e realizar o pré-contrato. Na época, o valor de investimento era algo em torno de trinta e cinco mil reais, mas o carro ainda não estava vendido. O jeito foi recorrer ao pai de Talita, que emprestou para eles dez mil reais, o valor que era necessário para o pagamento naquele momento, dado esse passo, a próxima etapa era concretizar a coragem de deixar um trabalho que tinha uma boa remuneração, que André já possuía segurança e maturidade, que era estável, mas que em contrapartida já não trazia felicidade. Feito! André pediu demissão do emprego.

O RECOMEÇO

Agora um novo ciclo se inicia, com toda ansiedade que a decisão carrega, mas com muito mais vontade e garra para dar certo! A loja demoraria ainda um tempo para acontecer, pois entre a liberação do ponto e a inauguração foram em torno de três meses, enquanto isso, para que houvesse a entrada de algum dinheiro, André trabalhou na empresa de um amigo, ajudou com sua experiência e foi ajudado também. A primeira franquia de André e Talita foi um quiosque em um supermercado na Vila Industrial, na zona Leste de São Paulo, com cinco freezers, ah, guarde essa quantidade de freezers e lembre-se disso mais para frente.

Passados os três meses para a loja ficar pronta, um misto de ansiedade, alegria, euforia, tudo junto, e como tudo podia ficar mais "emocionante", uma dívida de dez mil reais para o sogro e vinte e cinco mil para a franqueadora que estava tirando o sono do casal empreendedor e a cabeça do lugar! Mas, como se diz, a sorte caminha ao lado de quem trabalha e se arrisca, no dia de inaugurar a loja, conseguiram vender o carro e honrar o compromisso assumido! Como precisariam de um carro inclusive para as atividades de trabalho, compraram outro carro, agora usado, velhinho e que dava muita dor de cabeça, mas era o que dava para o momento, pois, nem se quisessem, não havia espaço para a vaidade. O fato é que deu certo: em 5/12/2018, a primeira unidade franqueada de André e Talita estava em pé!

Havia uma característica no *mix* de produtos comercializados nos quiosques da marca que era venderem somente sorvetes de palito e não de massa, e isso limitava um pouco a venda, pois havia também procura pelo sorvete de massa ou, como eles dizem, o sorvete de pote. Como é um negócio que o objetivo é o consumo em casa, em festas e eventos, não era necessário que houvesse estrutura de consumo no local, como mesas e cadeiras. Isso seria o novo desafio do casal, como veremos adiante.

As vendas caminhavam muito bem, melhores que as expectativas e com superação das metas estabelecidas, embora houvesse um olhar desconfiado da franqueadora, que relutou muito para aprovar o ponto no local apresentado, pois era um supermercado popular, e inicialmente a franqueadora tinha a crença e estratégia de marcar presença somente em hipermercados pertencentes a redes nacionais e não redes locais de supermercados, mas a vontade, garra e inconformismo de André e Talita os fez insistir até obter aprovação para o local que haviam escolhido:

> *"Nós conhecíamos o local e público e o custo de ocupação era muito mais favorável".*

Tudo caminhava melhor do que o imaginado, com vendas acontecendo, sonho realizado, metas sendo superadas, até que surge uma nova oportunidade! Uma de suas funcionárias falou para eles sobre um supermercado novo na região. Também de rede local, com características parecidas com as que possuíam o local da primeira operação e com custo de ocupação que poderia fazer sentido! Opa! Isso fazia brilhar os olhos do casal e claro que veio o estalo de abrir uma nova operação! Só não contavam com uma coisa: a franqueadora novamente não queria aprovar o ponto e o empreendimento. Mais uma vez, a perseverança de André e Talita estava sendo colocada à prova! Como o supermercado era recém-inaugurado e estava em funcionamento há somente três meses, e na galeria comercial havia somente uma loja de acessórios para celular e um quiosque de empadas operando, e só depois viriam outras lojas ou quiosques, a validação do local estava sendo muito questionada pela franqueadora. A vantagem é que seria possível escolher o lugar, e com ótimo custo de ocupação, e depois de muita argumentação, negociação e determinação, foi possível a aprovação para a segunda unidade nesse outro supermercado, que foi inaugurada em março de dois mil e dezenove. A lembrança que me vem neste momento é a conhecida frase atribuída a Albert Einstein: *"A mente que se abre a uma nova janela jamais voltará ao seu tamanho original"*. André e Talita compreenderam que havia potencial para ir muito além, aí, como próximo horizonte, tiveram a ideia de ampliar o *mix* de produtos e também comercializar sorvetes de pote.

> *"Pela formatação e modelo de negócios, nos quiosques só era permitida a venda de sorvetes de palito, e aí, tivemos um novo desafio, que era convencer a franqueadora a nos autorizar a vender o sorvete de pote e, principalmente, sendo em um supermercado, pois havia um conceito acordado que nas redes de super e hipermercados não haveria a venda de sorvetes de pote nas unidades franqueadas. Mas... nós conseguimos!!!"*

Depois de uma longa reunião e autorização da franqueadora, era necessária a negociação com o supermercado. Nova reunião, apresentação do plano de negócios, convencimento de que também seria bom para eles, convencimento que não impactaria a venda que eles faziam de sorvetes no próprio supermercado e muita determinação, o casal superou mais uma barreira e obteve permissão para ampliar sua oferta de produtos, e por esses acasos ou obras do destino que só acontecem para quem corre atrás de seus objetivos, o quiosque de empadas que era ao lado do quiosque de André e Talita saiu e o espaço ficou vago, o que favoreceu ainda mais a ampliação da unidade deles, com mais espaço disponível.

Saíram de cinco para treze freezers. Um aumento de capacidade de armazenagem em 160%. Coragem de empreendedor!

Primeiro trimestre de dois mil e vinte, após a primeira campanha completa de verão e já realizada com duas unidades, acontece algo que nem o mais perfeito planejamento poderia prever: uma pandemia. Foi algo nunca vivido e que afetou todos os setores da sociedade, e se tratando do empresariado de varejo, os pequenos empresários foram muito impactados. Agora, transporte esse impacto para um pequeno empresário varejista que estava na sazonalidade positiva de seu negócio! André e Talita por pouco não viram a concretização de seus projetos terminarem ali mesmo. Dia dezenove de março, haviam concluído a ampliação do quiosque. Dia vinte de março, por determinação governamental, tiveram que fechar. Quase quebraram.

> *"O quiosque do D'Avó, o primeiro supermercado que tínhamos aberto, teve que fechar. Tínhamos investido tudo que tínhamos nessa ampliação, mas mesmo sendo comércio de alimentos, não conseguimos manter o funcionamento por determinação da legislação e do supermercado. Foram quase dois meses fechados, pagando aluguel e energia. Precisamos recorrer ao Pronamp e precisamos nos reinventar.*
>
> *No outro supermercado da rede Negreiros, tivemos mais flexibilidade, o que foi nossa salvação, pois ali triplicamos nossa venda porque as lojas de rua estavam fechadas, e como estávamos no interior de um supermercado, conseguimos abrir (esse supermercado tomou o risco de nos permitir o funcionamento). Acho que andávamos uns vinte quilômetros por dia em volta do quiosque para atender e organizar os produtos e armazenagem. Isso, depois de também conseguir colocar o sorvete de pote, apesar da resistência do supermercado."*

A pandemia atingiu parte significativa da população, e como André e Talita, por sobrevivência, não puderam interromper suas atividades, com todos os cuidados que pudessem ser tomados, foram pegos pela Covid. Os sintomas de Talita foram mais leves, mas André chegou a passar dez dias internado em UTI e, durante a internação, Talita precisou se dividir entre realizar toda sua rotina de trabalho e assumir as tarefas do cônjuge, além de manter os familiares e colaboradores informados sobre o estado de saúde do marido, que pouco antes havia sido diagnosticado com um problema de coração, uma cardiomiopatia hipertrófica, doença que usualmente se desenvolve entre trinta e trinta e cinco anos de idade e faz que os músculos cardíacos se tornem mais espessos que o normal, dificultando o bombeamento de sangue pelo coração. É algo que tem tratamento, no entanto, quando tudo acontece ao mesmo tempo, literalmente "haja coração", e a válvula de escape, a forma de equilibrar tudo isso, era a atividade física, que André realizava com frequência, mas precisou ser interrompida, porque não podiam parar e passado esse momento, e todo o aprendizado angariado, o crescimento do casal continuou.

A ação de negociar e implementar o sorvete de pote nos quiosques virou um caso de sucesso na rede. Passaram a receber visitas de muitos outros franqueados para compreenderem a operação, pois as vendas haviam crescido muito. A partir disso, a franqueadora criou o modelo de quiosque que vendia sorvete de palito e pote.

"Crescemos a ponto de alugar um local externo para estoque e demos mais um passo idealizando a oferta de casquinha, cobertura e agregados no quiosque para as pessoas comprarem e consumirem em casa, dentro do conceito de consumo em família."

MAIS UM PASSO: A TERCEIRA LOJA

Um novo e audacioso passo viria a acontecer: a terceira loja! Três operações em um espaço relativamente curto de tempo e com um ambiente tão hostil, considerando todos os desafios impostos pelas limitações causadas pela pandemia, requeria muita coragem e muita confiança da franqueadora. Quando o diretor do supermercado os procurou oferecendo esse novo ponto, veio acompanhado de uma menção no mínimo peculiar: *"Mas aviso, o local é perigoso"*.

Embora o local estivesse bastante deteriorado, havia um fluxo de consumidores que chamava muito atenção, e o *"local perigoso"* não foi algo que assustou André e Talita. Foram para cima e realizaram sua terceira unidade, mas como já estava próximo do final do verão, terminando fevereiro de dois mil e vinte e um, e precisavam se capitalizar, fecharam negócio, mas com um acordo para inaugurar somente em outubro, pois haveria tempo para juntar os recursos necessários e receber o que seria uma enorme e grata surpresa: a notícia que desde a inauguração a loja ficou em primeiro lugar no *ranking* geral por alguns meses e até hoje continua performando entre as dez melhores da rede, diante de mais de setecentas operações em todo o Brasil! Era uma pequena loja com enorme coração, como dizem André e Talita.

Agora com três operações e tendo o aprendizado da operação do negócio, era chegada a fase de pensar de forma mais estratégica, pois o volume e gestão de um número maior de funcionários, faturamento, gestão de estoque iriam demandar ainda muito braço, mas mais ainda, inteligência e gerenciamento.

> *"Chegamos a um momento em que foi necessário repensar a estratégia de nossas operações, principalmente pela gestão de estoque, então decidimos abrir uma nova operação, uma loja de bairro, pois pelo volume que vendíamos, para nós havia a clareza de que logo poderia existir interesse de outra pessoa, de outro franqueado, então era melhor que fosse a gente."*

Em vinte e dois de dezembro de dois mil e vinte e um, André e Talita estavam com a chave da nova loja na mão e, mesmo sendo um momento já de festas de Natal, eles já possuíam experiência suficiente para que em sete de janeiro, ou seja, menos de vinte dias depois, a loja estivesse pronta para inaugurar. Por um atraso na entrega dos freezers, a abertura só foi possível em dezenove de janeiro de dois mil e vinte e dois, que pelo movimento e volume de trabalho só foi possível comemorar dois dias depois. A quarta operação da dupla estava disponível ao cliente!!! Já se podia dizer que tinham sua pequena rede de lojas. Ah, lembra sobre o alerta em relação à quantidade de freezers? Pois é, nesse momento, eles já possuem sessenta e seis freezers, que sobre o volume inicial representa um crescimento de mil e duzentos por cento!!!

A franqueadora, que também cresceu bastante com outros franqueados, precisava rapidamente, amadurecer e estruturar seus processos, então, entre outras coisas, realizou em dois mil e vinte o reconhecimento de seu primeiro Programa de Excelência do Franqueado Oggi e penso que não será uma surpresa trazer aqui para você que está acompanhando essa trajetória que os franqueados vencedores na regional leste foram André e Talita!

Nessa jornada, é natural que existam erros e acertos, claro que é perceptível que o saldo tenha sido de muito mais acertos que erros. Dentro disso,

André e Talita consideram que seu melhor acerto foi a iniciativa de provocar a franqueadora para desenvolver a venda de sorvete de pote no quiosque.

"A gente foi contra tudo e todos, pois era um momento que o cenário econômico era uma barreira; o supermercado onde estávamos era uma barreira; a franqueadora não queria e a gente acreditou. Ao final das contas, quando a água bate, a gente tem que dar um jeito!"

Um dos grandes aprendizados do casal, e que se pudesse voltar no tempo procuraria fazer de forma diferente, foi a relação com os colaboradores. Entender situações em que eles precisam ser mais decisivos e não postergar ações que precisam ser tomadas, como uma demissão em que já não há outro caminho a seguir. Por seus perfis, Talita é mais tolerante, mais compreensiva e possui mais entendimento, já André tem menos paciência. Possui perfil mais analítico, traz a experiência de quando atuava como consultor de campo em outra franqueadora e direciona as ações junto ao franqueado que ele atendia baseado em indicadores de performance. Embora Talita em seus trabalhos anteriores não tivesse a vivência com gestão de equipes, aprendeu que, quando necessário, era preciso fazer os ajustes na equipe e, por vezes, esse ajuste era uma demissão.

"Essa é uma das frentes mais desafiadoras na gestão do negócio, pois não está somente em nossas mãos."

Uma das formas que eles identificaram para melhor selecionar as pessoas foi justamente no papel de clientes, de consumidores, ou seja, avaliando a forma como eram atendidos, e aí, quando encontravam alguém que possuía o perfil desejado e que consideravam um ótimo atendimento, convidavam aquela pessoa para fazer parte do quadro.

"Trabalhamos com metas e indicadores que nos permitem remunerar melhor o colaborador e potencializar nossos resultados. Criamos uma cultura onde todos os dias nossos funcionários trabalham alinhados pela meta. Por exemplo, tivemos recentemente uma loja que quando estava faltando uma hora para fechar a loja e acabar o mês, faltavam

quatorze pacotes para serem vendidos, tinha ali visibilidade do que faltava para baterem a meta. Elas mesmas foram buscar a diferença e fizeram a venda do que faltava!"

Para que um negócio prospere no sistema de franquias, na relação existente entre o franqueado e franqueador, ainda que possam existir divergências, e digo que até são necessárias e saudáveis quando estão ambos com o objetivo do melhor para o negócio de forma integral, é necessário que exista alinhamento e respeito. André e Talita entendem que essa atuação, que esse caminhar, deve acontecer com atuação como fosse um time. Têm um posicionamento diferente de alguns colegas que pensam que quando abrem uma franquia estão abrindo um negócio independente, mas não é. Compartilham da visão que, se for assim, melhor repensar. Melhor não entrar no sistema ou mesmo sair, pois não será o modelo ideal para essa pessoa.

"No começo eu era muito exigente, às vezes até agressiva, quando tínhamos algum problema de fornecimento, aí André entrava para equilibrar, mas a franqueadora tem muito respeito por nós, por nosso trabalho. É bastante acessível quando precisamos nos comunicar, inclusive fomos convidados recentemente para uma reunião estratégica para ouvirem sobre nosso trabalho e resultados."

"Nosso primeiro quiosque foi também no início da rede, então, junto com a franqueadora tivemos erros e aprendizados. Em um verão que tivemos dificuldades com abastecimento, fomos pessoalmente conversar com os gestores da franqueadora e só saímos de lá com o caminhão carregado para entregar os produtos. Isso levou que se aprofundassem em nossa operação e não tivemos mais problemas nesse sentido."

Quando avaliam o que fariam novamente, André e Talita não tem dúvida em rapidamente responderem que fariam tudo de novo!

"Como não repetir algo que está deu tão certo? Não somente pelo aspecto financeiro, mas também pela realização pessoal. Hoje estamos colhendo frutos e reconhecimentos. Um de nossos maiores orgulhos na relação com pessoas são duas ex-funcionárias nossas que tomaram também

o caminho do empreendedorismo e continuam tendo contato com a gente agradecendo todo o aprendizado.

Acreditamos que oferecemos muito orgulho para nossos pais, que moram muito perto de nossa primeira operação e que é também ao lado da escola onde estudamos. Nossos pais falam para todo mundo que somos os donos da loja."

André e Talita, ainda com muito a crescer e aprender, mas já com um bom amadurecimento, aconselham para quem pretende abrir uma franquia que pesquise, que avalie, que tenha consciência que o formato, regras e orientações desenhados pela franqueadora devem ser seguidos e que esse empreendedor franqueado precisa estar disposto a trabalhar muito, a perder o medo e sair do comodismo.

"Eu poderia até hoje ser um executivo, mas isso tem um teto. Precisei ter disposição para abrir mão da zona de conforto", diz André.

Uma coisa eles têm certeza, que é de que estão ainda no começo, que ainda há muito o que crescer, o que aprender e ensinar. Quando falam do futuro, isso fica claro:

"Nossa quarta loja foi muito por iniciativa de Talita, eu queria até segurar. Agora sentimos que estamos começando a ficar sem braços pelo crescimento que tivemos e em momento de repensar nossa estrutura para continuar a crescer tanto em número de operações quanto em volume de vendas. Eventualmente, diversificar a operação e apresentar um novo segmento é algo que pode acontecer."

Existe no casal um sentimento de muito amor pelo que faz. A dedicação é exclusiva ao negócio e à pet que tem nome de famosa, a Shakira. Quando começaram a empreender, Talita até pensou em atuar somente em meio período e nas demais horas do dia a outros afazeres e, quem sabe, uma maternidade que haviam pensado, aliás, maternidade que em novembro de dois mil e dezessete chegou a acontecer, de um bebê tão iluminado que os presenteou com a sensação de serem pais, mas apenas por alguns dias. Com o passar do tempo, perceberam que, pelo menos nessa fase, o negócio demandava muito mais deles, aí os outros afazeres passaram a ser os afazeres de suas lojas e uma nova maternidade ficaria para o futuro.

André, quando olha para o futuro, lembra de um momento bastante delicado de sua vida, que talvez hoje seja um dos maiores impulsionadores de sua garra, perseverança e superação junto com Talita, sua parceira de vida:

> *"Ao final de dois mil e dezessete, passei por um processo de depressão que, até que fosse identificado dessa forma, me fez passar por uma situação extrema, inclusive, chegando perto do suicídio e ter passado por isso, ter superado essa fase, foi uma grande vitória."*

Nessa fase, André quase se jogou de um viaduto sem saber que estava doente. Encontrar no empreendedorismo a forma de recomeçar, e tendo a franquia como esse apoio, mudou completamente a vida do casal, que fez especialmente André sair fortalecido. Sua esposa Talita, que esteve o tempo todo a seu lado, ao final passou por uma situação tão dolorida quanto a de André, mas traz também a gratidão pela força que aprenderam a ter.

Atualmente, André e Talita atuam em comitês da franqueadora, possuem vários prêmios de excelência do franqueado da rede que atuam, já tiveram inclusive irmão e um primo de Talita que abriram franquias da mesma marca inspirados por eles e em fevereiro de dois mil e vinte e três assinaram contrato para a quinta loja. É um casal que traz uma história permeada de emoção, de criatividade e, na essência dos dois, o poder da perseverança! São exemplos de inspiração, garra e superação em suas vidas, por tudo que passaram, aprenderam e superaram.

"AQUILO QUE CONSEGUIMOS NA VIDA TALVEZ DEPENDA MAIS DE NOSSA PAIXÃO E PERSEVERANÇA DO QUE DE UM TALENTO INATO."
(ANGELA DUCKWORTH - GARRA: O PODER DA PAIXÃO E PERSEVERANÇA)

SOBRE A OGGI SORVETES

- **Segmento:** alimentação
- **Número de unidades:** 855

No dia 23 de setembro de 2015, o Dia do Sorvete, foi inaugurada a primeira loja de fábrica Oggi Sorvetes, na capital paulistana, seu sucesso incentivou a empresa a implantar novas unidades neste formato.

A Oggi Sorvetes se tornou a primeira rede de franquia no formato loja de fábrica, um verdadeiro supermercado de sorvetes, que permite oferecer ao consumidor um produto com grande variedade, acessível, uma nova forma de comprar sorvetes.

Esse formato fideliza seus clientes, incentiva o consumo em casa e combate a sazonalidade do segmento.

Seu grande diferencial é a simplicidade na implantação e na operação.

Atualmente, a rede de franquias Oggi Sorvetes possui mais de 700 lojas em funcionamento. O sucesso do modelo está se comprovando a cada dia.

- **Site:** https://oggisorvetes.com.br/
- **Fonte:** https://www.portaldofranchising.com.br/

2

DE JAGUARUNA
PARA O MUNDO

Gilmara ensina a gente que a vontade de fazer e o desejo de empreender dependem muito mais da decisão de fazer e da vontade de dar certo do que necessariamente as condições que você tem no momento!

A VOCAÇÃO REVELADA AINDA NA INFÂNCIA

Gilmara Oenning teve sua primeira empresa aos vinte e dois anos, em Jaguaruna, uma pequena cidade litorânea de Santa Catarina, com menos de vinte mil habitantes. Contrariando o caminho natural, despontou criando negócios e, além de ter encontrado no sistema de franquias seu caminho para o desenvolvimento, hoje compartilha seu conhecimento ajudando a desenvolver milhares de outros empreendedores.

"Comecei aos vinte e dois anos, sou filha de motorista de ônibus e minha mãe era dona de um pequeno salão de beleza na garagem de casa, então eu meio que vivi esse mundo do empreendedorismo ajudando minha mãe, lavando cabelos e atendendo clientes desde criança.

Quando eu tinha uns doze anos, comecei a cuidar de crianças porque já queria ter meu próprio dinheiro. Foi aí que comecei a trabalhar. Aos quatorze anos, trabalhava no comércio, e aos quinze já dava aulas de informática e conseguia me virar para ser financeiramente independente de meus pais, pois via que eles não tinham como me ajudar. Já tinha clareza que tinha que ir atrás de minhas coisas.

Eu estudava em escola pública, não tinha grandes oportunidades, mas já me movimentava como era possível, fazia o que tinha para fazer. Nessa escola que eu dava aulas de informática, parte de meu pagamento era em cursos que eu ia fazendo lá mesmo."

Gilmara é a irmã do meio de um total de três filhos na família. Conta que seus pais não tiveram oportunidade de estudar, de chegar a fazer uma faculdade. Sua irmã, a mais velha dos irmãos, ficou grávida aos quinze anos de idade e não prosseguiu em seus estudos, a situação provocava em Gilmara a inquietude e certeza que queria algo diferente daquilo para seu futuro.

"O que mais me deixava assim, com desejo de evoluir, de mudar, é que eu pensava: 'Eu não quero uma realidade diferente para a minha vida'. Via meus pais sempre tendo como principal preocupação o sustento do dia seguinte, a conta de energia elétrica do mês, sabia que não queria aquilo para mim. Minha mãe me incentivava muito a estudar, sempre me disse: 'Vá fazer uma faculdade. Se você quiser algo diferente em sua vida, vá estudar e fazer faculdade'.

Ganhei uma bolsa de estudos de cinquenta por cento da mensalidade e comecei a estudar Administração. Logo no início do curso, quando comecei a faculdade, surgiu no mural de anúncios uma vaga para estágio em uma empresa multinacional. Não tive dúvidas em mandar meu currículo, mesmo com a grande concorrência que havia, que eram de mais de quarenta pessoas para uma vaga. Após participar do processo seletivo, fui escolhida!! Dentre todos os candidatos, eu fui aprovada para a vaga e ali comecei a viver outro universo em minha vida!"

Gilmara sempre teve com muita naturalidade a habilidade de se comunicar e acredita que tenha sabido se vender bem no processo seletivo, embora tenha sido verdadeira, e talvez nem houvesse alternativa, ao dizer que não sabia falar e nem escrever inglês, uma vez que a empresa era uma multinacional e isso era uma das exigências para a vaga.

"Embora eu tivesse boas notas, não me achava muito inteligente, mas sempre fui muito esforçada. Fui contratada mesmo sem ter o inglês, que era um pré-requisito. Isso foi uma vitória para mim e para minha família. Fui a primeira de casa a fazer uma faculdade, comecei a estagiar em uma multinacional e o que ganhava me permitia pagar os outros cinquenta por cento do curso com regularidade, pois era um trabalho fixo. Não sobrava nada, era tudo muito escasso, mas eu havia dado um grande passo em minha vida.

Ao final do estágio, consegui ser efetivada e trabalhei nessa empresa por mais dois anos e meio. Quando entrei lá, vislumbrei um novo mundo, afinal, era uma empresa grande, com unidades em outros países, e eu via até possibilidades de viajar para o exterior, mas com o passar do tempo, comecei a perceber que não era aquilo que fervia dentro de mim. Queria ir além, queria algo mais, que naquele momento talvez nem eu mesmo soubesse definir direito, por outro lado, eu via as pessoas reclamando da empresa, do trabalho, enquanto a empresa em si, para mim, era maravilhosa, pois até um plano de saúde, que para minha realidade era algo que não imaginava, ali eu tinha."

OLHAR PARA O FUTURO

Gilmara sempre foi muito perspicaz e em dois mil e quinze, um ano mais difícil para a economia em geral, principalmente no segmento da construção civil, que era o mercado onde a empresa que ela trabalhava atuava, fornecendo alumínio, teve grande impacto. De um mês para o outro, as vendas da empresa caíram de forma drástica e isso levou Gilmara a começar a pensar no que faria e olhar para fora da empresa.

"Embora eu não soubesse falar inglês quando entrei lá, depois que fui efetivada, comecei a estudar o idioma e ia fazer aulas na cidade vizinha, em Tubarão, pois, na minha cidade, Jaguaruna, não tinha escolas de idiomas, e isso me deu um estalo, pois via as pessoas querendo estudar inglês, mas tinham que ir para outra cidade. Vi que ali havia uma oportunidade, ao mesmo tempo que os negócios não estavam bons na empresa em que eu trabalhava. Aí comecei a fazer um plano de negócios para uma escola em Jaguaruna. Peguei o que tinha aprendido na faculdade e comecei a exercitar, aplicar os conceitos. À noite, durante a semana e nos finais de semana, me trancava no quarto e ficava ali, planejando, rascunhando, estruturando como seria esse negócio.

Meu próximo passo foi entrar em contato com as franquias de escolas de idiomas. Eu pesquisava no Google e mandava mensagem. Para todas as escolas de idiomas que eram franqueadoras, eu mandei mensagem, fui entrando em contato e com todas que me responderam fiz reunião. Teve uma delas, a inFlux, que mais me chamou a atenção, seja pelos métodos, por seus princípios e valores, por eu entender que era uma escola muito correta, por tudo. Gostei muito deles e tinha tomado a decisão de abrir minha escola em Jaguaruna. Faltava algumas coisas, como por exemplo o capital, o recurso financeiro para fazer. Não tinha um centavo para isso!"

Estar em uma empresa grande, com estabilidade e possíveis oportunidades de carreira, é o sonho de muita gente, e penso que não há nada de errado nisso, desde que a pessoa encontre nesse caminho sua felicidade. Não for pela felicidade, aí, precisa parar para pensar. E mais que pensar, se movimentar. Ainda mais se você percebe que essa empresa, mesmo que você queira, não irá muito longe.

> *"Chamei meu gestor para conversar e entender o futuro da empresa. Ele me disse que estavam realmente em um momento delicado de forma geral no mercado, que várias pessoas seriam demitidas, inclusive ele. Então pedi um acordo de demissão e fui desligada. Isso me permitiu algum tempo de seguro-desemprego enquanto comecei a colocar meu projeto em prática. Consegui um empréstimo em banco no valor de cinquenta mil reais e já no próximo mês eu teria que começar a pagar uma parcela de mil e quinhentos reais. Ali, aos meus vinte e dois anos de idade e devedora de cinquenta mil reais!*
>
> *Foi assim que comecei, mas os cinquenta mil ainda não eram suficientes para abrir a escola, então marquei uma reunião com os franqueados da inFlux, lá em Tubarão, a cidade vizinha, e sem nem os conhecer até aquele momento, convidei eles para serem meus sócios, porque sem isso eu não conseguiria abrir a escola e meu projeto estaria no fim antes mesmo de começar."*

TENTAR, TENTAR, ATÉ CONSEGUIR!

Embora muito jovem e tendo se declarado como "não muito inteligente" (imagina se fosse...), Gilmara é o tipo de pessoa que sabe unir o ímpeto empreendedor com o pé no chão de planejamento e estratégia. Ali, naquele começo, ela já tinha clareza de quantos alunos precisaria ter para honrar os compromissos que havia assumido e tinha uma lista de quarenta pais e mães que eram potenciais clientes, que sabia que teriam condições de colocar seus filhos em uma escola de idiomas. Tinha já antecipado tudo, feito um bom planejamento, mesmo ouvindo de todos com quem ela compartilhava seu projeto que ela era uma louca. O que Gilmara é para valer é muita determinada e autoconfiante!

> *"Disseram que não daria certo porque em Jaguaruna ninguém quer estudar, que em uma cidade com menos de vinte mil habitantes não caberia*

uma escola de idiomas. Todos desacreditavam no projeto, mesmo meus amigos mais próximos.

Mulher, pobre, jovem de apenas vinte e dois anos, abrir um novo negócio em uma cidade pequena foi um enorme desafio. Imagina, por exemplo, meus pais recebendo isso sem nem saber direito o que era uma escola de idiomas. Era algo muito diferente para eles, aí chego em casa, com tudo assinado, e falei para eles, mas mesmo sem entender direito, dentro do que podiam, me deram total apoio, seja pelo incentivo, seja pela ajuda, na prática mesmo! No imóvel que eu tinha escolhido para ser a escola, me ajudaram a quebrar parede e reformar o local. As pessoas passavam na frente da futura escola e nos viam carregando carrinho de mão, a gente fazia tudo na obra.

Antes disso, para conhecer a inFlux, saí de Jaguaruna, peguei um ônibus em Tubarão e fui sozinha até Curitiba. Foram quatro centos e cinquenta quilômetros de estrada e mais de seis horas de viagem, imagina isso para quem nunca tinha feito uma viagem sozinha. Depois fiz o treinamento inteiro na sede da franqueadora. Foi um processo com muitos desafios, e em vinte e oito de maio de dois mil e quatorze, inaugurei minha escola!! Ali comecei a descobrir minha paixão por vendas. Tudo que era evento, eu estava lá! Por exemplo, eu ia aos almoços de igreja onde tinham pessoas que poderiam ser meus clientes, que estavam em minha lista, e procurava ser assertiva e estratégica nesses encontros. Antes mesmo de abrir a escola, eu já vinha exercitando isso, chamava a pessoa de canto e falava: 'Olha, vou abrir uma escola, o pessoal ainda não está sabendo, mas lembrei de você, que busca sempre investir no futuro de seu filho', e a pessoa já pedia para confirmar o nome dela, assim eu fazia as pré-vendas, então já havia feito toda uma movimentação na cidade antes. Na época, o que existia de rede social era o Facebook, e assim que comecei aprender essa coisa de venda e divulgação em Internet.

Quando abri a escola, no primeiro mês já bati o ponto de equilíbrio. Tinha que dar certo, afinal, eu não tinha outra opção."

Um fato importante que não pode passar sem menção: quando Gilmara procurou a inFlux, a cidade de Jaguaruna não estava no plano de expansão da franqueadora, ou seja, além de persuadir o banco a conceder crédito para uma jovem de vinte e dois anos, na situação econômica que ela vivia, além de convencer os franqueados da cidade vizinha a serem seus sócios, precisou fazer que a franqueadora acreditasse nela a ponto de desenvolver um modelo específico para aquela praça, onde fizeram a primeira escola no modelo *Slim*, e ali nascia um novo produto da franqueadora que serviria para as demais praças similares a Jaguaruna.

> *"Eu não tinha de onde tirar dinheiro, minha conta estava limpa, zerada. Tinha um pró-labore de mil e quinhentos reais que ia inteiro para o pagamento das parcelas do empréstimo feito no banco. Não havia outra forma de ter dinheiro e meus pais não tinham como ajudar financeiramente, também eu não comentava com ninguém que estava ali, no zero a zero. Coloquei na minha cabeça que tinha que fazer acontecer, minha única opção era dar certo, então agarrei aquilo com unhas e dentes. Trabalhava incansavelmente para ter resultado.*
>
> *Depois do primeiro mês com ponto de equilíbrio alcançado, fomos caminhando, crescendo, fazendo mais matrículas e aí, junto com meu esposo, compramos a parte dos antigos sócios, que, aliás, até hoje são meus amigos. Sempre quis mais desafios e chegou um momento que me senti estagnada, então disse para eles que ou me venderiam a parte deles ou eu venderia minha parte para eles (mas, na verdade, queria mesmo comprar a outra parte da escola).*
>
> *Ah, também tinha que me virar com a contratação de professores, porque era uma mão de obra escassa na região, quando havia falta eu tinha que correr até Tubarão."*

É relativamente comum que as redes de franquia possuam sistemas e mecanismos que promovam *performance* e excelência em suas unidades, são ferramentas como programas de excelência, mensuração de resultados em determinadas campanhas, *ranking* de avaliações quantitativas e qualitativas de treinamentos promovidos para os franqueados e funcionários das unidades franqueadas, entre outros, de acordo com o estágio de maturação e segmento em que a franqueadora atua. São formas de estimular o crescimento da rede e reconhecer os melhores resultados das unidades existentes, isso além de colocar em evidência quem alcança as primeiras posições, estimula os demais franqueados da rede.

"A inFlux tem uma competição entre as escolas, uma competição boa, saudável, onde os franqueados buscam sua melhor performance. É chamada de 'Tropa de Elite' e é baseada no atingimento de metas, em retenção de alunos e outros indicadores. Eu me lembro como fosse hoje, uma das primeiras convenções que participei, acho que foi a segunda, quando vi os dez primeiros franqueados serem chamados no palco, eu disse para mim mesma: 'Estarei lá no próximo ano!'

Resultado: no ano seguinte, eu estava lá! Minha escola ficou entre as dez primeiras de toda a rede, que já tinha mais de cento e cinquenta unidades, mesmo eu estando na menor cidade que havia uma inFlux em todo o Brasil. Daí em diante, sempre fomos destaque na rede, cada vez mais tinha certeza de minha paixão por vender. Eu tinha obstinação em bater metas, não tinha conversa, até o último dia incansavelmente, eu falava: 'O dia só termina à meia-noite', então íamos atrás, batíamos meta.

Também percebi que eu tinha um perfil comportamental muito focado em resultados, mas, por outro lado, tinha que me desenvolver em liderança, em gestão de pessoas, porém, aos vinte e dois anos de idade, acha mesmo que eu ia entender disso?"

EXPANSÃO DE NEGÓCIOS NA VEIA

Gilmara começou a perceber que, se tinha como ponto alto sua determinação, sua obstinação por resultados, aprender sobre liderança e gestão de pessoas, potencializaria muito mais essa sua força, cresceria muito mais!

"Naquele momento, só pensava em obter resultados, mas não era uma boa líder, então fui atrás de estudar e me desenvolver nesse tema. Eu não tinha carro, sequer uma bicicleta, mas o primeiro dinheiro livre que comecei a ganhar com a inFlux investi em treinamento, em autodesenvolvimento. Por exemplo, os cursos da Dale Carnegie Treinamentos, obtive certificação internacional de todos os cursos que fiz deles. Claro que eu morria de vontade de ter um carro, óbvio, mas entendi que, naquele momento, aplicar meu dinheiro em treinamento me renderia mais no futuro, então pegava o carro de minha mãe, roupas emprestadas de minhas amigas, para chegar bem-vestida, e ia para Criciúma estudar, e o dinheiro que eu tinha investia em estudos. Era assim que eu me virava, dava meu jeito, colocava dez reais

de gasolina e ia para meus cursos. Comecei a ver que quanto mais me aplicava em meus treinamentos, mais resultados eu conseguia, minhas vendas foram melhorando e eu me destacando cada vez mais! E olha que não é tão fácil vender cursos de inglês!

Dei um outro passo, que foi a ampliação e reforma da escola, e como o negócio já estava mais maduro e no verão tinha as férias escolares, era um período que eu também pegava uns dias para descansar, aí resolvi empreender em mais um negócio. Jaguaruna está no litoral, a 15 quilômetros da praia, perto de vários balneários, começamos a vender biquínis nas férias. Da primeira compra, em quatro dias vendemos tudo e compramos mais e vendemos tudo novamente! Passando aquela temporada, decidimos criar nossa própria marca. Fomos então estudar como modelar o negócio, tipos de tecido, criação de marca e tudo que era necessário para a nova empreitada. Um mundo novo para mim! Chegamos a fazer o lançamento da marca em Dubai, mas em dois mil e vinte e dois, decidi vender minha parte para minha amiga. Foi uma dissolução de sociedade completamente amigável, mas o negócio da loja de biquínis, que chegamos a abrir duas lojas, já não me fazia brilhar os olhos, apesar da marca ainda estar em crescimento, e iria valorizar, do negócio ser lucrativo, eu não queria olhar só o dinheiro. Aquele negócio não estava fazendo muito sentido para mim, não tinha prazer e achei melhor sair naquele momento."

Lembram do que está escrito acima sobre "cresceria muito mais?"

"Nesse meio tempo tinha também aberto uma empresa de alimentação, mas ficamos menos de um ano e aí surgiu um investidor interessado em comprar o negócio e resolvemos vender, mas houve um momento que eu estava tocando os três negócios.

A empresa de alimentação também era uma franquia, e como eu já era franqueada inFlux e todas as minhas referências de suporte e apoio estavam nela, na experiência com a franquia de alimentação a comparação era inevitável. Sentia que eles ainda tinham muito o que desenvolver, e aí, como tinha aparecido um comprador, resolvi vender. Nesse período, eu tendo três negócios e em segmentos diferentes, tive um ganho de aprendizado muito grande e percebi que pessoas começaram a me procurar para pedir ajuda, me perguntando como melhorar seus empreendimentos, como vender mais e outras coisas. Me procuravam pessoalmente e nas redes sociais, que, até então, meus perfis nessas redes eram como qualquer outro, com minhas coisas pessoais, eu e meu esposo, aliás, meu marido também atua com vendas, ele trabalha em uma empresa da família, uma madeireira que está há mais de trinta anos no mercado, inclusive estamos estudando para desenvolver uma franqueadora a partir da madeireira, nos preparando e pesquisando bastante.

Meu sogro também me ajuda muito com seus conselhos, pois é uma pessoa que começou a empreender do zero e uma pessoa muito correta, então é uma referência para mim, aliás, até hoje ele fala que, quando abri a escola, era um dos que até por não entender muito bem o negócio, também não acreditava que daria certo, mas só veio me dizer isso muito tempo depois, para não me desanimar.

Até hoje muita gente fala que só consegui sucesso em meu trabalho por causa de meu esposo, mas não sabem o que passei de verdade para superar meus obstáculos! Claro, sempre tive muito incentivo de meu esposo, que na época era meu namorado, e de sua família, mas todo o trabalho e recurso financeiro veio de meu esforço, tive que me virar.

De volta às pessoas que começaram a me procurar, o que eu fazia era uma ajuda aqui, outra ali, mas nunca pensando em fazer disso um trabalho. Pensamento que começou a mudar quando um amigo me alertou que eu deveria fazer disso um negócio, começar a vender mentoria, mas, na verdade, eu nem tinha ideia de como fazer isso. Não tinha tempo para essa atividade, até que ele me desafiou: 'Você me dá uma mentoria e te provo que está fazendo um bom trabalho'. Topei o desafio, mas disse que não queria nada em troca, que iria mentorar gratuitamente. O resultado foi que ele aumentou vinte por cento as vendas no período de um mês, e claro que aquilo me fez parar para pensar e olhar isso de forma diferente, somado a outro amigo me incentivar a ter presença no digital com esse negócio de mentoria e, então, em dois mil e vinte e um, passei a entender melhor esse mundo do digital e todo seu potencial. Fui aos poucos, atendendo as pessoas lá mesmo em uma sala de aula nos períodos que não tinha curso, comecei cobrando por hora e foram aparecendo mais pessoas e um falou para o outro, os resultados nas empresas atendidas foram surgindo, mas tudo isso era um extra. Em dois mil e vinte e dois, decidi fazer o primeiro evento para reunir empresários. Foi na minha casa mesmo, inicialmente pensei em um encontro com dez pessoas, para troca de ideias e networking, mas imediatamente me veio à cabeça: 'Se trago dez, por que não trazer trinta?!' E o nome dado foi G30, Gilmara 30 pessoas!!!"

Um novo horizonte passou a surgir na vida e nos negócios de Gilmara. A escola continuava a todo vapor, afinal, foi onde tudo começou e o que sustentava tudo isso, mas havia a possibilidade de ir além, juntando as vocações de venda, de liderança, de empreendedorismo, de compartilhar toda essa determinação com outras pessoas!

"Vendi por Instagram, e em um dia, esgotaram os trinta ingressos! Foram várias pessoas de áreas diferentes para que houvesse diversidade de temas e, ao final, deu muito certo. Depois tive muitos depoimentos com feedbacks muito positivos sobre as mudanças provocadas na vida delas após o evento. Entendi que tinha brotado um novo empreendimento e assim comecei esse novo negócio, mas se me vissem no palco naquela época... eu era totalmente corcunda, sem postura, meio nervosa. Antes do evento, passei mal, tive dor de barriga de tanto que estava ansiosa, mas o fato é que deu resultado e decidi fazer outro, mas agora com quarenta pessoas e... deu certo!!

A partir disso, passei a planejar um próximo evento para seiscentas pessoas, isso mesmo, vinte vezes maior que o do início de tudo. Foi o primeiro grande evento de empreendedorismo na região, fiz na cidade de Tubarão. Algo grande, profissional mesmo! Contratei Caio Carneiro como palestrante, uma das pessoas de renome no cenário nacional, e todos os ingressos foram vendidos, cada um por quase quinhentos reais, e todos esgotados! Foi um baita evento, com estandes de empresas apoiadoras, praça de alimentação e toda a estrutura necessária. Claro, para isso acontecer, não foi ao acaso, foi consequência de um planejamento estratégico muito bem-feito, e nesse evento lancei meu curso de vendas, um curso online. Hoje tenho mais de cem alunos e os resultados estão indo muito bem! Depois veio outro evento com setecentas pessoas presentes. As coisas do G30 aconteceram de forma muito acelerada e já tenho palestras agendadas para São Paulo e Rio de Janeiro, mas minha primeira filha, a inFlux, essa continua comigo. Os atendimentos de mentoria agora faço em um escritório que montei em Tu-

barão e atendia empresas maiores na parte de estratégias de vendas. Com a agenda cheia, limitei e hoje atendo mentorias em grupo somente. Saí de Tubarão para viajar pelo mundo levando conhecimento e atendendo de forma digital. São empresas de vários lugares do Brasil e estou crescendo muito nessa descoberta! Tenho certeza de que posso contribuir muito mais com o crescimento de pessoas e empresas."

APRENDIZADOS E EXPERIÊNCIAS

Quando Gilmara faz um balanço, pensa em sua história recente, com aprendizados e conselhos que possam ser compartilhados, tem como principal aspecto que tudo valeu a pena!

"Sim, eu faria tudo novamente, pois tudo que passei me trouxe grandes aprendizados. Eu não mudaria absolutamente nada. Acho que meu maior acerto foi a descoberta da inFlux, porque isso mudou minha história. Dali saiu tudo o que sou hoje como empresária e acho que a inFlux me ensinou a empreender da forma correta. Se eu fosse empreender sozinha, tenho certeza de que não seria a mesma coisa. Estar em uma rede de franquias fez total diferença e sou muito grata à inFlux, tenho clareza de que a franqueadora acelerou muitos processos de aprendizados em minha vida. Lembro da quantidade de treinamentos que tinha no início da operação e que fiz todos eles, antes mesmo de abrir a escola. Meus primeiros passos em vendas foram com a inFlux e até hoje faço tudo que é treinamento oferecido pela franqueadora."

O G30, um dos braços de negócios de Gilmara, além de sua escola de idiomas, tem como principal objetivo orientar, compartilhar conhecimentos e gerar *insights* com outros empreendedores, pensando que você esteja em uma plateia de um evento de Gilmara, receberia dela a seguinte mensagem:

"Trabalhe principalmente sua mente. Independentemente de ser um franqueado ou não, é possível assim como eu fiz, começando em uma cidade de vinte mil habitantes, porque sempre haverá um mundo de oportunidades, mas às vezes a gente precisa tirar um pouco o que tampa nossa visão, que fecha nossos olhos. Eu costumo falar do antolho que se usa nos

cavalos, que só permite que ele olhe para frente e, às vezes, vivemos tanto no automático, sem buscar novos conhecimentos que não conseguimos enxergar as oportunidades que surgem ao nosso redor, então é necessário trabalhar nossa mente, nosso autoconhecimento, novos aprendizados e aperfeiçoamento, pois isso ajuda a enxergarmos além, a abrir portas.

Para quem está pensando em ser um franqueado e está com medo, digo que isso é normal, faz parte, mas também sempre digo que o sonho tem que ser maior que o medo, maior que qualquer dificuldade. O meu sonho de mudar de vida era muito maior do que julgamentos, do que medos, do que falta de dinheiro e todos os obstáculos que enfrentei. O sonho precisa ser maior!

O que não dá certo precisa servir de aprendizado. Acredito muito em Deus, então costumo dizer: dê o primeiro passo que Deus lhe dará o chão."

Ao final desse tão rico bate papo com Gilmara, ela revela que já tinha realizado evento até no exterior, em Orlando, e tinha acabado de lançar o Festival de Negócios G30, planejado para acontecer em Criciúma, em Santa Catarina, com duas mil pessoas! O maior já planejado por Gilmara. Eu não tenho dúvida de que será mais um sucesso!!! E você?

"EU NÃO TEREI APENAS UM TRABALHO. TEREI UMA VOCAÇÃO. IREI ME DESAFIAR TODOS OS DIAS. QUANDO EU FOR DERRUBADA, ME LEVANTAREI. POSSO NÃO SER A PESSOA MAIS INTELIGENTE DA SALA, MAS SEMPRE TENTAREI SER A QUE TEM MAIS GARRA."

(ANGELA DUCKWORTH - GARRA: O PODER DA PAIXÃO E PERSEVERANÇA)

SOBRE A INFLUX IDIOMAS

- **Segmento:** educação
- **Número de unidades:** 146

A ideia de criar uma escola de inglês diferente de tudo o que existe no mercado surgiu quando quatro profissionais com grande experiência no ramo de ensino de idiomas perceberam que as escolas existentes não atendiam às expectativas dos alunos. De um lado, havia cursos rápidos, porém superficiais. De outro, cursos tradicionais efetivos, porém, muito longos. Faltava uma escola que oferecesse um ensino mais eficaz do que os cursos rápidos, e que ensinasse inglês avançado em menos tempo do que os cursos tradicionais.

Isso motivou Ricardo Leal, Eduardo Leal, Leonardo Paixão e Paulo Tavares a criarem um método inovador de ensino, que une duas das mais eficazes abordagens de ensino de línguas: abordagens Comunicativa e Lexical. Assim, chegaram a um método capaz de ensinar inglês proporcionando o domínio do idioma em dois anos e meio.

Contando com este forte diferencial, em 2004 surgiu a primeira unidade inFlux em Curitiba (PR). Em apenas seis meses, as primeiras franquias foram abertas, e a rede de ensino tem se fortalecido ano após ano.

Hoje, mais de uma década depois, a inFlux está presente em todas as regiões do Brasil com mais de 130 escolas e mais de 45 mil alunos assegurados por nosso exclusivo Compromisso de Aprendizado.

- **Site:** http://www.influx.com.br/
- **Fonte:** https://www.portaldofranchising.com.br/

3

O QUE EM ALGUM MOMENTO FOI UM "PINGO DE GENTE" TRANSBORDOU!

 Erica e Fernando, pais de Cesar e Letícia, literalmente com destinos selados entre um e outro, foram para o outro lado do mundo iniciar a construção de uma linda história de vida, perseverança e muitos aprendizados!

ESPERANÇA EM NOVAS TERRAS

A história de Fernando começa antes mesmo dele vir ao mundo, por isso precisamos ir lá para Faxinal, pequena cidade no interior do Paraná, onde em determinado momento seu pai resolveu se envolver com política. Uma decisão que acabou por não dar certo e teve como consequência que a família perdesse todo seu pequeno patrimônio, que se limitava à casa da família e uma máquina de arroz, que foram a leilão. Não havia mais o que fazer em Faxinal, então a mãe, dois irmãos e a irmã de Fernando foram para Curitiba para arrumarem por lá um meio de vida. Isso aconteceu com o apoio de alguns tios que acolheram a família, que estava rompida, pois o pai de Fernando havia ficado em Faxinal e só se juntaria novamente algum tempo depois. Em Curitiba, nasceu Fernando, o caçula da família.

> *"Na época, minha mãe trabalhava como doméstica, possuía pouca escolaridade, pois só tinha cursado até a terceira série, e meu pai fazendo de tudo em obras na construção civil."*

Em meados de mil novecentos e setenta e sete, decidiram que precisavam mudar, dar um rumo diferente para a vida, e migraram para o Território Federal de Rondônia, que viria a ser o Estado de Rondônia (criado oficialmente somente seis anos depois em mil novecentos e oitenta e dois), pois o governo tinha um programa de incentivo para a ocupação da região com o projeto de ali criar um novo Estado, integrar a região social e economicamente. Foi uma aventura, pois foram cinquenta dias para chegar de Curitiba até a cidade de Ariquemes, pois como não havia condições financeiras que possibilitasse algo diferente, juntaram-se a outra família e seguiram de carona. Pai, mãe e quatro filhos. O último local que viram asfalto foi em Cuiabá, ainda a mil e trezentos quilômetros de distância de Ariquemes. Em doze de dezembro de mil novecentos e setenta e oito, dia do aniversário do primeiro ano de vida de Fernando, marcaram presença na cidade de Vilhena, mas ali sentiram que não seria sua parada final e a viagem continuou até Ariquemes, que também estava com terras sendo ofertadas pelo governo federal, tendo chegado já no ano seguinte, em mil novecentos e setenta e nove. Perceba que o Natal da família naquele ano foi na estrada.

"Na época, minha mãe conseguiu ganhar um terreno em uma área comercial e ali abriu uma pequena venda, um mercadinho em um bairro novo que havia por lá, aliás, tudo ali era novo, pois havia pessoas chegando de vários lugares para ocupar as terras recebidas. Ela comprava as mercadorias no único comércio que havia na cidade e revendia lá, coisas como velas, lamparinas, fósforos (claro que naquele tempo e circunstâncias, não se pensava em energia elétrica no Estado que nem havia sido oficialmente criado), pinga e gêneros alimentícios. Esse pequeno comércio nos ajudou durante vinte e dois anos!"

O pai de Fernando conseguiu a sonhada propriedade para reiniciar a vida, mas o acesso à terra recebida era muito difícil, afinal, era literalmente tudo mato naquela época e não havia dinheiro para abrir trilhas, que dirá algum tipo de estrada. Era necessário percorrer quarenta quilômetros a pé no mato para chegar à propriedade que a família havia recebido do governo. O pai de Fernando chegava a ficar trinta dias sem voltar para casa, a medida de voltar era quando as provisões chegavam ao fim, e enquanto isso a mãe de Fernando fazia a subsistência da família tocando o pequeno comércio que possuía.

Eram tempos desafiadores e aos nove anos de idade Fernando perdeu o pai, levado por um câncer. Sua mãe continuou tocando o mercado.

"O comércio de minha mãe não chegou a crescer e foi sempre um comércio de bairro. Pela simplicidade da mãe e limitações financeiras, ela não tinha como investir mais em seu mercado e meus dois irmãos acabaram se

casando e cada um tomando um rumo diferente. Ficamos eu, minha irmã e mãe. Mais para frente, já adolescente, fui estudar no colégio agrícola da região e fiz o segundo grau técnico em agropecuária, o que, considerando a região, perspectivas de crescimento e a chegada de muitos migrantes do Paraná e de São Paulo, fazia muito sentido para mim."

Ao terminar o ensino técnico e já com aproximadamente dezenove anos, Fernando queria dar mais um passo e fazer faculdade, mas para isso precisaria deixar Ariquemes e tomou como destino seguir para Curitiba para estudar para os vestibulares da região. Ficou morando na casa de amigos e se aplicando aos estudos. Esse seria a primeira de algumas importantes iniciativas de Fernando. Por um lado, talvez inspirado por seu pai, mas, por outro, pela semente de buscar algo melhor e, se necessário, se movimentar para isso, e mais para frente veremos que esse trecho entre Ariquemes e Curitiba é curtinho diante do que está por vir!

Após aproximadamente seis meses de estudo, Fernando foi aprovado no vestibular da PUC em Curitiba para o curso de Zootecnia, mas o curso era particular e não seria possível ingressar nesse. Os vestibulares das universidades públicas como a Federal do Paraná e a Estadual também foram realizados por Fernando, mas em nenhum dos dois o índice mínimo de aprovação foi alcançado. O jeito era partir para outra tentativa e Maringá foi o próximo destino para a tentativa de ingresso na UEM – Universidade Estadual de Maringá. Na época, existiam muito menos universidades e faculdades do que temos hoje e as poucas instituições privadas que existiam possuíam preços muito restritivos, logo, as universidades púbicas eram superconcorridas e ainda não foi dessa vez que seria possível estudar na Universidade de Maringá.

"Nessas alturas, não havia mais condições de minha mãe ajudar a me manter fora, então precisei voltar para Ariquemes."

O ENCONTRO COM ERICA

Aqui fazemos uma pausa para falar um pouco de Erica, a esposa de Fernando e companheira de vida, superação e empreendorismo, especialmente da forma inusitada que Erica e Fernando se encontraram pela primeira vez, muito antes de imaginar que seus destinos estavam marcados. É uma história tão peculiar que trago exatamente nas palavras de Fernando:

"Começamos a namorar muito jovens. Eu tinha dezesseis anos e Erica tinha quatorze. Quando eu vim para Curitiba estudar, nós já namorávamos. Os pais de Erica tinham uma oficina de tornearia em Ariquemes, mas como a grande maioria das pessoas, também em uma situação de muitas limitações financeiras.

Na época, Érica foi para o Japão para trabalhar e juntar algum dinheiro e eu para Curitiba. Quando voltei para Ariquemes, ela também voltou para o Brasil e tomamos a decisão de nos casar e voltarmos juntos para o Japão para tentarmos fazer a vida juntos. No ano de dois mil, nos casamos e voltamos para o Japão, mas agora vem uma dessas curiosidades da vida, uma dessas peças que o destino nos prega!

No período de pré-escola, entre quatro e cinco anos de idade, eu estudava em uma escola chamada Pingo de Gente. Tinha lembranças de brincar no parquinho com uma japonesinha que era de uma série antes da minha, mas dessas vagas lembranças de criança. Passado o tempo, eu fui para uma outra escola e minha amiga 'japonesinha' foi também para uma escola diferente.

Nunca mais vi minha amiga de parquinho.

Pois bem, passados seis anos do início de namoro entre mim e Erica, quando estávamos prestes a casar, eu estava na casa dela e de seus pais e Erica pegou um álbum de fotografias antigas. De repente, entre as fotos, passa uma que olhei e me reconheci na foto! Disse a ela: 'Essa foto é minha! Tinha uma idêntica em casa'. Erica imediatamente falou que não, que aquela foto era dela, e apontou para ela ali na foto. A coisa ficou meio confusa e eu disse para ela: mas ali, olha só atrás de você, sou eu!"

Nesse momento, Fernando e Erica descobriram que o destino os havia juntado muito antes do que poderiam imaginar. A "japonesinha" que brincava no parquinho era Erica!! Ainda para trazer mais encanto a essa história, a família de Erica morava perto do mercado da mãe de Fernando, e quando ela aparecia por lá, o pai de Fernando tinha como hábito presenteá-la com algumas balas e em sua chegada sempre brincava dizendo que era sua norinha chegando. Mal sabiam o que a vida reservava para eles e após se descobrirem nas fotografias tiveram a certeza de que eram um para o outro, e claro que esse casamento ficou muito mais especial!!

Agora já casados e com a decisão tomada, restava comprarem as passagens para seguirem para o outro lado do mundo: Japão! Erica tinha algumas economias e a ajuda do pai, e Fernando possuía doze vacas que garantiriam sua viagem, ainda que essa empreitada fosse completamente a contragosto de sua mãe e irmã.

Fernando então combinou com sua mãe para fazer a venda do gado e assim arrecadar o dinheiro necessário para a viagem, só que dias antes dessa viagem, já com o gado vendido e dinheiro na mão, um evento inesperado aconteceria com Fernando e sua família. Sua mãe o chama e diz que precisa fazer um acerto com ele.

> *"Fernando, já que você ficou quase um ano fora para estudar e acabou não conseguindo passar nos vestibulares e voltou para Ariquemes, esse dinheiro será para cobrir as despesas que tive quando você estava fora, então não tenho nenhum dinheiro para te entregar, pois a venda do gado é exatamente o que você deveria repor."*

Mais que um balde de água fria em uma frustração, havia ali muito sentimento envolvido e uma mágoa sem tamanho para Fernando, pois muito possivelmente essa ação de sua mãe tinha como intuito que o filho ficasse por perto, afinal, era algo inimaginável para sua família uma viagem tão distante, para um lugar desconhecido e em uma época que a comunicação era tão difícil, no entanto, a forma que foi utilizada era muito dura para Fernando, que ainda assim não desviou de seu plano e com a ajuda do pai de Erica comprou a passagem e seguiram para o Japão. Havia muita determinação, muita clareza do que Fernando e Erica queriam.

DO OUTRO LADO DO MUNDO

"Chegamos ao Japão e estávamos decididos a fazer nossas vidas. Uma de minhas inspirações era um livro de Lair Ribeiro que já tinha lido várias vezes e assistido ao vídeo que trazia aulas do livro que era 'O sucesso não ocorre por acaso'. Uma das coisas que aprendi foi escrever meus objetivos, então eu e Erica fizemos uma lista do que queríamos e um dos objetivos dessa lista era conseguir comprar mil cabeças de gado aqui no Brasil. Eu compraria enquanto

estivesse lá e minha mãe cuidaria enquanto eu estivesse aqui. Embora eu tivesse ficado muito chateado com minha mãe, sabia que no fundo ela tinha feito o que fez por amor. Por aqui, estávamos determinados!!!

Planejamos as horas, os dias e semanas dos próximos cinco anos que iríamos trabalhar no Japão, mas ali, no vamos ver, algumas coisas aconteceram diferente do que planejamos. Na fábrica que estávamos trabalhando, depois de uns quarenta dias, fomos surpreendidos com o fechamento das portas e mudança para a China."

O salário de Fernando na empresa em que trabalhava era de dez dólares por hora, o que para os padrões locais era bastante bom e, com esse valor, se encontrasse em breve outro trabalho, os cinco anos planejados poderiam ser abreviados, mas o fechamento dessa fábrica era o início de uma crise no Japão com várias outras indústrias fechando e se mudando para a China. Outras, fechando definitivamente. Fernando chegou a ficar seis meses sem trabalho e sem ter a quem recorrer, pois, antes de viajar, no episódio que ocorreu com sua família, ficou claro que não enviariam dinheiro algum. Seja pela tentativa de sua mãe que Fernando desistisse da viagem, seja por não haver mesmo como ter o dinheiro para mandar.

"Foi um período muito sofrido. Nossa única reserva de emergência era o dinheiro da passagem para voltar, mas não queríamos que isso acontecesse, então insistimos, perseveramos, na crença de que o cenário melhoraria. Eu me virei com trabalhos pontuais, limpando apartamentos de pessoas que estavam voltando para seus países. Em função do fechamento das fábricas, muitos brasileiros estavam retornando para o Brasil e deixavam os apartamentos com tudo que tinha dentro, então as imobiliárias me contratavam para desmontar tudo e limpar o apartamento, para deixar em condições de receber um novo inquilino, mas era um ganho que mal dava para comermos. Foi um período de muitas necessidades. Cheguei a dividir uma refeição por dia com Erica, um pacote de lámen para nós dois. Perdi quase quinze quilos e precisamos ir morar em um quarto que media somente seis metros quadrados, mas insistimos, até que Erica conseguiu trabalho em uma empresa prestadora de serviços para a Epson e eu também consegui um trabalho por lá, mas somente por uma semana. Meu trabalho era fazer a separação de cartuchos de tinta que voltavam da Epson."

Fernando sempre foi, além de esforçado, uma pessoa que via oportunidades onde outros não viam e o período que inicialmente acabaria em uma semana acabou rendendo e virando um mês, mas um mês bem trabalhado, sem interrupção de um dia sequer e com pelo menos doze horas de trabalho cada um deles! Durante esse período, Fernando acabou desenvolvendo afinidade com uma senhora japonesa, e como ele ainda não havia aprendido a se comunicar no idioma local, pediu ajuda para ela. Queria ir até o diretor daquela fábrica e explicar sua situação, pedir um trabalho que não fosse temporário, mas que pudesse continuar todos os dias ali. A senhora o ajudou e lá foram. A resposta não foi definitiva naquele momento, mas, pelo menos não houve negativa, o que Fernando ouviu é que na outra semana teria uma resposta. Isso já alimentou, e muito, a esperança que existia em não voltar para os dias de desemprego, e o melhor para aquele momento aconteceu: na semana seguinte, Fernando recebeu a notícia de que seria efetivado!

Naquela época, os operários japoneses trabalhavam com salários diferentes para homens e mulheres e Fernando descobriu que estava recebendo o salário tido como para mulheres, com algo em torno de trinta a quarenta por cento a menos que os homens, o que fazia uma enorme diferença para ele, mas, quando foi falar a respeito, ouviu que devia continuar trabalhando e se esforçando, e que se isso acontecesse, somado ao aprendizado do idioma japonês, eles mudariam meu salário. Claro que não era o esperado, afinal, Fernando sabia que estava recebendo menos que os outros homens, mas na situação em que se encontrava, entendeu que não seria um bom momento para voltar a ficar desempregado e decidiu continuar assim mesmo.

Passado quase um ano por ali, Fernando foi direcionado para uma linha de produção que chamou sua atenção:

"Observei que havia ali máquinas, uma colocada ao lado da outra. Ao total, eram quatro conjuntos de duas máquinas e, para cada conjunto desse, tinham duas pessoas trabalhando. Uma tirava a peça de um lado e a outra separava as peças ruins do outro lado. Após observar aquilo com mais atenção, percebi que se a disposição das máquinas fosse alterada, era possível obter o mesmo resultado, mas com somente uma pessoa sendo capaz de operar as duas máquinas. A produtividade por pessoa poderia dobrar!

Eu morava a cem quilômetros da fábrica, então era um deslocamento grande todos os dias. O suficiente para que com a ajuda de um casal japonês, que todos os dias me ensinava uma palavra em japonês, eu ter, após um ano, aprendido a me comunicar no idioma local, então fui até o diretor da fábrica falar sobre o layout proposto, sobre um teste, e que seria possível dobrar a produção por pessoa. No começo, ele ficou meio desconfiado, não se sentiu completamente seguro, pois se o teste desse errado, o resultado do dia seguinte seria comprometido e o atendimento a seu cliente, que era a Epson, poderia ser prejudicado, mas ao final o diretor aceitou o teste. Fiquei a noite toda acompanhando a operação e o teste deu certo! No dia seguinte, tínhamos o mesmo resultado com metade da mão de obra necessária. O detalhe é que, ali, nós éramos uma pequena fábrica, prestadora de serviços para a Epson, e lá, na Epson, havia cento e cinquenta máquinas dessas que operavam da forma anterior ao teste que havíamos feito! O desdobramento disso foi uma vitória! As pessoas da Epson queriam ver e aprender o que tinha sido feito ali. Fui reconhecido e premiado, coisa na época em torno de dez mil reais!"

Fernando conta que na ocasião isso provocou algum desconforto entre seus colegas, afinal, havia gente ali que estava há vinte anos na fábrica e nunca tinha ganhado nenhum prêmio, mas, também, não fazia por onde, porém, como é da natureza do ser humano esse ciúme sobre a ação, resultados e prêmio de Fernando, acabou acontecendo. Ele sabia que não seria uma boa situação que esse clima se instalasse e nem era seu objetivo, então, sem imaginar que em alguns anos no futuro o chocolate faria parte de sua vida, Fernando pegou metade do prêmio, comprou em chocolates e distribuiu para cada colega de trabalho, inclusive agradecendo cada um deles, pois somente havia conseguido aquele feito porque estava ali, trabalhando com eles.

"Tinha gente ali que estava há muitos anos fazendo a mesma coisa, gastando tudo o que ganhava. Nunca voltariam para seu país ou voltariam da mesma forma que chegaram. Eu aconselhava muito eles a terem um propósito, a pensarem em juntar dinheiro para isso."

Ainda nesse um ano de muito trabalho, aprendizado e possibilidades de Fernando e Erica demonstrarem onde trabalhavam toda sua capacidade, novamente a vida traz à tona a prova de que é importante ter um horizonte e planejamento, de ter objetivos com etapas e tempos de aonde se quer chegar, mas que também no meio do caminho virão acontecimentos para tornar esse cenário mais "emocionante"!

"Junto a esse ano Erica ficou grávida. Foi uma gestação não planejada, mas aconteceu e dar à luz no Japão, considerando todas as circunstâncias que vivenciávamos, seria algo muito complicado. Estávamos começando a juntar algum dinheiro, mas se Erica permanecesse lá, gastaríamos toda a economia que estava somente começando, então decidimos que ela iria voltar para o Brasil para que o bebê nascesse por aqui, inclusive pela proximidade da família e assim fizemos. Com sete meses de gestação, quase no limite de tempo permitido para viagens, ela voltou para a casa de seus pais, e quando Cesar, nosso filho, tinha oito meses, Erica voltou para o Japão, mas Cesar ficou no Brasil com os avós maternos. Essa decisão e dias que se seguiram foram bastante duros, Erica chorou seguidamente durante os próximos trinta dias e eu só vim a conhecer meu filho pessoalmente quando ele estava com pouco mais de quatro anos de idade, e como de certa forma as coisas acontecem no momento certo, quando ganhei o prêmio pela sugestão que levei à diretoria da fábrica que trabalhei, Cesar já havia nascido, então a metade que sobrou (lembram que a primeira metade foi em chocolates?), enviei para o Brasil para que os avós comprassem roupas e o que fosse necessário para nosso filho."

Passado um ano e meio do nascimento de Cesar, Fernando e Erica conseguiram comprar um computador e ajudaram os pais de Erica a instalarem Internet no computador que tinham aqui no Brasil, o que ainda não era algo tão comum como nos tempos atuais. Foi o dia em que o pequeno Cesar tomou um grande susto!

"O corte de cabelo no Japão era muito caro e como economizávamos muito, eu realmente só cortava o cabelo quando não dava mais mesmo, então boa parte do tempo eu estava cabeludo e barbudo, e quando fui pela primeira vez me apresentar para meu filho, que até seus primeiros dezoito meses ainda não tinha me visto, eis que ouvi: 'Nossa, que papai feio!!', o

que foi motivo de riso para todos, mas também de muita alegria, pois a partir daí tivemos como interagir por vídeo com frequência."

DE VOLTA PARA CASA

Erica e Fernando ficaram ao todo durante sete anos no Japão. Especialmente pelas circunstâncias dos dois primeiros anos, o plano inicial, que era permanência de cinco anos, foi estendido. Ao chegarem de volta ao Brasil, foram recebidos por Cesar, e ali houve um momento de uma mistura de emoções difícil de descrever, tanto quanto a curiosidade de Cesar em olhar todos os rostos que passavam, procurando qual seria de seu pai. Fernando e Erica contam que Cesar passou a apresentar o pai de uma forma muito destacada, como que se quisesse contar para todo mundo que agora ele tinha a companhia de um pai a seu lado, algo como "esse aqui é meu pai!!". Agora ele tinha um para mostrar aos amigos. Logo depois nasceu Leticia, que nasce brasileira, mas como diz Fernando, foi *"made in Japan"*, pois quando voltaram para o Brasil, Erica estava com a gestação em andamento.

"Ao final, a ação de minha mãe em segurar o dinheiro de minha passagem e dizer que não me ajudaria doeu muito, mas consegui transformar aquilo em motivação e depois agradeci a ela, pois de uma forma muito difícil ela estava fazendo o melhor que podia, o que achava que era certo para mim. Foram sete anos de muita superação."

No ano seguinte que voltaram para o Brasil, Cesar começou a estudar e foi descoberto um bloqueio que ele possuía, atribuído posteriormente ao fato de ter sido deixado no Brasil. Foi necessário tratamento e acompanhamento psicológico, mas que felizmente foi resolvido. Enquanto esta história está sendo escrita, Cesar possui dezenove anos e está estudando medicina.

"O primeiro item de nossa lista de objetivos foi realizado e agora eu tinha minhas mil cabeças de gado! Quando cheguei de volta, ainda estavam arrendadas com terceiros, mas era somente eu pegar o gado. A volta foi marcada por um período de readaptação no Brasil e nosso objetivo era abrir um negócio, então começamos a pesquisar. Foi quando vi uma reportagem de Alexandre Costa, fundador da Cacau Show que me chamou

bastante atenção. Aqui em Rondônia tinham somente duas lojas, a de Porto Velho e a de Ji-Paraná, que era recém-inaugurada. Fomos conhecer as lojas e gostamos do que vimos!"

Fernando relata que compreendeu que abrirem o negócio por meio do sistema de franquias seria o ideal para eles, afinal, era um negócio já desenvolvido, testado, um modelo de negócios preestabelecido com *know-how* a ser transmitido para o franqueado, e como em Rondônia havia somente duas lojas, o que por um lado poderia ser visto que era algo que fizesse a marca ainda não tão conhecida, por outro lado, isso significava que ainda haveria muito espaço para crescimento da marca e novas lojas em Rondônia.

"Fizemos o processo necessário, nos cadastramos no site da Cacau Show, fomos até Palmas, em Tocantins, para assistir à reunião de apresentação da franquia, lá reforçamos nossa decisão e depois disso fomos prospectar o ponto para nossa loja. Fizemos todo o material e enviamos para análise da Cacau Show. O retorno foi um pouco demorado e nesse meio tempo Erica queria muito abrir uma loja de roupas infantis. Chegamos a constituir o CNPJ e estávamos quase tomando esse caminho, quando recebemos um telefonema da Cacau Show confirmando a aprovação de nosso perfil e ponto apresentado, e nos chamou para ir para São Paulo para a realização do treinamento de novos franqueados e início do processo de implantação da loja.

Foi uma decisão que entendemos como acertada, pois não tínhamos noção de gestão, de procura de fornecedores, aspectos tributários, de nada disso, e como não podíamos colocar em risco nossos sete anos de trabalho no Japão, entendemos que a franquia seria o caminho mais seguro. Montamos a loja!

Era um grande desafio, especialmente para a Erica, que nunca tinha tido experiência com comércio e justamente no dia que abrimos fui convidado para uma entrevista na rádio da cidade, e Erica ficou sozinha na loja. Enquanto eu falava no rádio, a loja lotou! Foi uma loucura, pois somada a inexperiência com o movimento da inauguração, não conseguimos lançar as vendas no sistema e depois tivemos que acertar tudo, mas vendemos muito chocolate!"

Se por um lado Fernando e Erica tinham, como se diz no jargão corporativo, um oceano azul pela frente, por outro lado, tinham na mão uma marca, um negócio formatado, uma franqueadora que prestava o apoio necessário, mas em um local que eles tiveram que trabalhar muito para desenvolver o hábito de compra de chocolates como algo possível para o consumo, pois a percepção de uma loja de chocolates era sempre de que praticava preços impeditivos, e também desenvolver o hábito da compra de chocolates como uma alternativa para presentes. Impossível não vir à lembrança a fábula do fabricante de calçados que enviou dois vendedores para um país distante. Algum tempo depois, um dos vendedores voltou desesperado, dizendo ao chefe para mudar de ideia de que se investissem ali, logo iriam quebrar pois naquele país ninguém usava sapatos. Na mesma semana o outro vendedor voltou maravilhado, dizendo ao chefe que fariam o melhor negócio que já fizeram e iriam vender milhares de pares de sapatos, pois ali ninguém usava sapatos!! Fernando apostou na ótica do segundo vendedor.

> *"Eu tinha visão de que faria muitas vendas, especialmente para presentear, e bastante inspirado pelo Valentine's Day, que é muito forte no Japão, com um volume muito grande de chocolates vendidos para presente.*
>
> *Para 'ajudar', no primeiro ano que abrimos, o franqueado local de uma rede de lojas de cosméticos muito grande aqui no Brasil contratou uma mídia de carro de som que rodava a cidade anunciando que chocolate não era presente. Ainda precisei lidar com isso, mas de certa forma chamou a atenção para o produto. Tivemos que trabalhar localmente para criar cultura, criar fidelização do produto e da marca. Hoje tenho clientes adultos que eram crianças quando abrimos a primeira loja."*

Atualmente o casal possui quatro operações, sendo duas lojas no formato tradicional e outras duas no formato loja contêiner, um modelo especial desenvolvido pela Cacau Show. A segunda loja veio em dois mil e quatorze após um momento de reflexão, pois, anteriormente, chegaram a pensar em desistir, pois embora tivessem criado grande afinidade com a marca, o produto, e gostassem muito do aprendizado adquirido, a primeira loja estava no ponto de equilíbrio, mas ainda não havia deslanchado. Em vez de desistirem, resolveram se aprofundar e compreender como serem melhores.

"Foi quando resolvemos nos aperfeiçoar e, durante um curso de inteligência emocional que eu estava fazendo, caiu uma ficha de que havia uma grande oportunidade de melhorar meu papel como gestor de negócios. Especialmente no que diz respeito à gestão de pessoas e em seguida veio a oportunidade da segunda loja em um minishopping aqui da cidade, e Erica queria muito essa nova loja e resolvemos aceitar o desafio."

Faço aqui um parêntese para trazer um conceito chamado "serendipidade", que vai muito ao encontro das últimas linhas acima. Embora se encontre em muitos locais que serendipidade é o ato de acontecerem fatos ou descobertas ao acaso, também a literatura traz que esses fatos ou descobertas somente acontecem se houver situações e ambiente que as propiciem. Algo como você dizer que aprendeu "por acaso" uma nova palavra quando estava lendo um livro. Ora, será que se não se dispusesse a leitura desse livro, teria descoberto a nova palavra? Será então que foi ao acaso? Possivelmente, se Erica e Fernando, em vez de pensarem em se aperfeiçoar e melhorar, se Fernando, em vez de ir para o curso que lhe permitiu essa "queda de ficha", tivessem desistido ou tivessem entrado naquele grupo que existe em boa parte das franqueadoras, do vendedor que só vê o lado ruim das situações, nada disso e muito menos a oportunidade da nova loja teria acontecido.

"A partir daí, precisamos nos dedicar às duas lojas e isso trouxe para nós a clareza de olhar o negócio não somente de trás do balcão, pois entendemos que precisávamos ser mais gestores do que somente operadores de loja. Tínhamos uma enorme disposição para o trabalho, mas agora era necessário ter um outro olhar: gestão e gente. Fomos estudar e nos preparar e foi quando fizemos a formação em DISC, que é um teste comportamental, validado há muitos anos e com uma estrutura de fundamentos muito sólida para identificar perfis de pessoas e seus comportamentos, e fizemos também formação em coaching e seguimos a sabedoria bíblica que através de Salomão diz 'invista mais em conhecimento do que em ouro e prata', entendemos que era necessário parar de olhar somente para o dinheiro, pois ele seria uma consequência de uma melhor gestão que viria com nosso aperfeiçoamento."

A postura adotada por Fernando fez muita diferença quando em dois mil e vinte tiveram que lidar com todos os problemas trazidos pela pandemia. Todos os setores foram afetados, mas imagine você uma pandemia seguida de ordem de fechamento do comércio, como afetou um segmento que tem justamente nesse momento (Páscoa), a principal venda do ano, chegando a mais de trinta por cento do volume anual de vendas!!

> *"Não tínhamos o que fazer. Novamente paramos e foi necessário que tivéssemos serenidade para buscar em informações e aprendizados como iríamos lidar com aquele momento. Foi necessária muita inteligência emocional. Alguns colegas de franquia tiveram como primeiro ímpeto, em vez de pensar em soluções possíveis, virar contra a franqueadora, responsabilizar a marca por algo que entendemos que não estava no controle deles. Nossa visão era diferente, afinal, estávamos todos no mesmo barco e fomos então atrás de alternativas como vendas por WhatsApp, vendas com entrega nas casas das pessoas e tudo mais que podíamos fazer. Em vez de afirmar 'não dá', preferimos perguntar 'como faz?'".*

Fernando recorda de quando esteve no Japão que uma de suas inspirações para que mantivesse seu propósito eram os ensinamentos de Viktor Frankl, psiquiatra austríaco que é considerado o criador da terceira escola vienense de psicoterapia através da criação da Logoterapia. Uma das famosas frases de Frankl citada em seu livro *Em busca de sentido* é: "Quem tem um porquê, enfrenta qualquer como".

> *"Quando eu estava no Japão trabalhando como operário manuseando peça por peça, eu lembrava de Viktor Frankl e pensava comigo mesmo: 'Eu posso estar aqui, preso a este momento, mas minha mente está visualizando o futuro, o porquê de estar aqui'. O tempo todo pensando em meus planos de ser empresário no Brasil. Era meu propósito maior. Esse pensamento e a clareza do propósito me ajudaram a enfrentar todos os obstáculos impostos pela pandemia, tanto na Páscoa de dois mil e vinte quando no ano seguinte, nos ajudaram a superar essa fase."*

Em dois mil e vinte, a franquia lançou um novo modelo de negócio, a loja contêiner. Um modelo novo, muito adequado a cidades menores e locais alternativos de grandes cidades com um investimento que Fernando e Erica não tiveram dúvida em decidir por fazer duas unidades, dizem que se estivessem em local mais adensado e em cidades maiores, expandiriam dez operações! Foi um novo aprendizado para o casal, porque dessa vez eram em cidades diferentes e distantes uma da outra e de Ariquemes, onde estavam sediados, mas agora estavam muito mais maduros e preparados, pois além de toda a experiência que já possuíam com o negócio, o desenvolvimento em gestão de negócios e pessoas contribuiu de forma decisiva para dobrarem o número de lojas que tinham.

Fernando diz que nessa jornada um de seus grandes acertos foi ter a plena compreensão da importância da participação nos treinamentos e todos os eventos organizados pela franqueadora, pois ali havia um grande direcionamento para a gestão do negócio e nas mãos deles estava o desenvolvimento local e trabalhar o aperfeiçoamento e autodesenvolvimento, pois essa parte não dependia da franqueadora, essa era a parte dele como franqueado e afirma que seus números e resultados reforçam o quanto isso foi importante.

Com todos os aprendizados, alguns planejados e outros impostos que teve até hoje, em relação a sua jornada no sistema de franquias, Fernando continua com espírito empreendedor e com disposição para continuar crescendo e expandindo, mas que não abriria novamente duas lojas ao mesmo tempo, especialmente por estarem longe uma da outra. Na ocasião, o tempo e atenção necessária à implantação de duas novas lojas simultaneamente foram um processo complexo. Deu certo, mas foi necessária muita habilidade e organização.

No dia a dia, na relação com a franqueadora, Fernando e Erica reconhecem que se colocaram à prova no que diz respeito a acreditar no projeto e passar por um período crítico que envolveu o comprometimento de suas reservas financeiras.

> *"Tivemos pelo menos dois momentos críticos, em um deles chegamos a ficar devedores e precisamos renegociar dívidas. Isso aconteceu quando abrimos a segunda loja, pois em nossa cabeça imediatamente iríamos dobrar o faturamento, mas percebemos que não é bem assim, pois o que imediatamente dobra são as despesas, mas o faturamento demora um pouco mais. E em um negócio dentro do sistema de franquias é natural*

que existam conflitos, ao ponto de chegarmos a pensar em vender as duas lojas. É uma relação de muita proximidade, de muita expectativa do lado do franqueado e do franqueador, então a comunicação e o alinhamento dessas expectativas são muito importantes. Em dado momento, vimos que o negócio começou a andar, e, em vez de vender as duas que tínhamos, abrimos mais duas!

Também é importante eu compartilhar um grande ganho que a franqueadora me trouxe. Em meados de dois mil e treze, empreendi em outra área. Decidi empreender em psicultura e ali percebi um ganho intangível, na maior parte das vezes, não fazemos ideia, que é o quanto a força da marca tinha me projetado como empresário. Eu já ser um franqueado Cacau Show me abriu muitas portas, me posicionou de uma forma diferente na cidade. Hoje faço parte da associação comercial e sou uma pessoa influente na comunidade local de empresários. Isso me deu credibilidade para obter financiamento para o investimento na psicultura."

Atualmente, Erica e Fernando dividem as tarefas em seus negócios. Erica fica à frente do dia a dia das lojas, da operação propriamente dita, e Fernando é o principal responsável pela gestão e estratégia, afinal, considerando somente as unidades franqueadas, quatro lojas já configuram uma pequena rede, já os posiciona no que o mercado chama de multifranqueados, mas estão longe de considerarem que já alcançaram tudo o que podiam.

"Temos uma possibilidade para uma nova loja, pois está para se instalar por aqui uma grande loja de departamentos, a Havan, e possivelmente haverá espaço para uma galeria comercial, e se houver, faremos mais uma loja. Vamos continuar crescendo em nossa região enquanto houver espaço, pois se não formos nós, será outro franqueado, então, faremos antes."

Com a experiência de vida e negócios que já acumularam, embora Fernando se considere um eterno aprendiz, o casal já possui propriedade para compartilhar alguns ensinamentos e conselhos, e nesse sentido, ele alerta para quem pretende investir em qualquer segmento, que possua um olhar especial para pessoas, e quando se trata do sistema de franquias, sobre o grande ganho que se tem de ter acesso a um negócio já formatado.

"Independentemente da rede de franquias que escolher, essa pessoa deve se preocupar com a gestão de forma geral: gestão de pessoas, gestão de processos, e lembrar que uma franquia possui uma marca estabelecida e te posiciona muito melhor, pois existe um know-how desenvolvido que abre portas para você, especialmente pelo acesso a outros empresários.

Hoje eu faria tudo novamente, e se não fosse pela franquia, muito provavelmente eu não conseguiria ter os acessos que tive. Se a pessoa souber fazer proveito disso, ela vai muito longe.

A persistência, a crença no sonho e visão positiva de futuro. Acho que isso nos ajudou muito, mas os sonhos não terminam aí. A psicultura hoje gera uma produção média de duzentos e vinte toneladas de tambaqui por ano. Recentemente tivemos um problema sanitário em Manaus, que é o principal mercado comprador do peixe que produzimos, exercitamos colocar em prática tudo que aprendemos até ali, e somado ao que falamos sobre o acesso à rede de empresários locais, e ao invés do 'não dá', pensar no 'como fazer', conseguimos abrir espaço em uma rede de supermercados aqui e não perdemos o peixe, além de depois, quando a situação se normalizou em Manaus, eu ter aumentado então meus canais de venda. Tenho até pensado, a exemplo das redes de lojas de frango frito, espetinhos ou especializadas em carne suína, em fazer algo assim especializado em peixe. Isso pode ser uma oportunidade para o futuro.

Somos muito gratos a Deus por tudo que ganhamos e por tudo que tive que superar. Também muito grato a nossa franqueadora, que proporcionou tanta coisa boa, seja no aspecto tangível, quanto no desenvolvimento e aprendizados."

Erica e Fernando, além das quatro unidades franqueadas, empreendem no ramo de psicultura, e Fernando nunca deixou de criar gado, que foi, de certa forma, o começo de tudo, que seria sua passagem para o Japão pelos caminhos da vida, não tendo sido, talvez tenha servido como um grande propulsor para a visão de possuir um dia um rebanho de mil cabeças, que depois uma parte foi vendida para comprar uma casa e a primeira loja. Passaram por muitos desafios e aprendizados, mas nunca desistiram, sempre tiveram garra e perseverança para olhar para o futuro.

> **"PODE-SE TIRAR TUDO DE UM HOMEM, EXCETO UMA COISA: A ÚLTIMA DAS LIBERDADES HUMANAS, ESCOLHER A PRÓPRIA ATITUDE EM QUALQUER CIRCUNSTÂNCIA, ESCOLHER O PRÓPRIO CAMINHO."**
>
> (VIKTOR FRANKL - EM BUSCA DE SENTIDO)

SOBRE A CACAU SHOW

- **Segmento:** alimentação
- **Número de unidades:** 4.000

Fundada em 1988, por Alexandre Costa, na ocasião um jovem de 17 anos de idade, a Cacau Show é uma rede especializada em chocolates finos com diferentes intensidades de sabor. Empresa que está em constante inovação e oferece uma variedade de produtos para todos os gostos e momentos, além de ser líder do segmento e dona de produtos de alto giro.

É a maior rede de lojas de chocolates finos do mundo e a maior rede de franquias do Brasil.

- **Site:** https://www.cacaushow.com.br/
- **Fonte:** https://www.portaldofranchising.com.br/

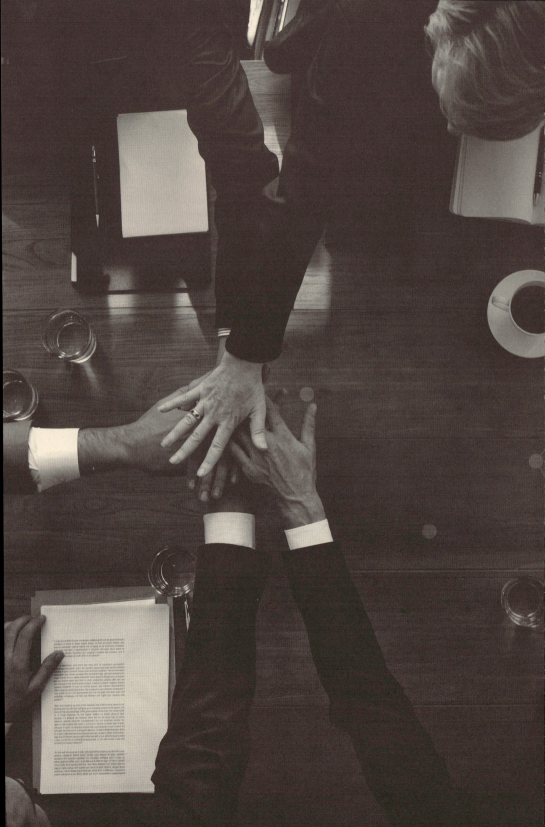

4

VIDAS TRANSFORMADAS

A história de Sanauá inspira e concretiza o sentimento de que a partir de um sonho e de muito suor e trabalho, a evolução, as realizações são possíveis. Neste caso, ainda com o apoio e suporte de seu esposo e movida pelo propósito de impactar a vida das pessoas.

SABER O QUE NÃO SE QUER É TÃO IMPORTANTE QUANTO SABER O QUE SE QUER

Sanauá ainda não sabia, mas a influência dos pais a faria desenvolver uma grande vocação por vendas, que depois se encontraria com o despertar para a transformação e desenvolvimento de pessoas, pelo olhar de autocuidado para seus clientes e desenvolvimento como gestores para seus colegas empresários. Mas essa jornada requereu muita determinação e garra.

"Sou do interior de Alagoas, de Palmeiras dos Índios, cidade a cento e vinte quilômetros de Maceió. Minha família materna tem histórico de comerciantes e empreendedoras que muito me orgulham, a começar por meus avós, que antes mesmo de eu nascer tinham uma mercearia em Recife e, quando foram morar em Palmeira, me contavam suas histórias de superação para criar seus nove filhos, e com toda certeza me influenciaram demais para ter a garra que tenho hoje, quando eu queria comprar algo ou participar de algum evento na escola não queria pedir aos meus pais, já que via que as finanças eram apertadas e eles estavam dando o seu melhor, lembro de conversas com minha avó, que dizia: 'Minha filha, eu não tenho para te dar, mas vamos vender algo aqui na porta para ganhar seu dinheirinho?'. Fosse picolé, confeitos, sempre dávamos nosso jeito para conseguir o que queríamos. Meus pais eram autônomos e lembro-me bem das vezes que me mostraram a importância das vendas para obtenção de resultados dentro de casa. Quando eles se dedicavam mais, tinham um mês de maiores resultados."

Uma das coisas não tão fáceis na vida é ter clareza de seus objetivos e isso passa também por ter clareza do que não se quer fazer, mesmo que seja um caminho que possa parecer mais fácil. Esse pensamento mudou a vida de Sanauá quando decidiu qual seria seu destino no curso superior, mesmo com barreiras a serem superadas.

"No terceiro ano do ensino médio fui estudar em Maceió, morando na casa da minha tia (irmã do meu pai), comecei a vivenciar os desafios de morar na capital e confesso que gostei, me sentia independente ao pegar ônibus sozinha, de resolver minhas coisas, e decidi: 'É isso que quero!'. Estudava para passar na universidade federal e na época tinha escolhido o curso de psicologia, só que o curso que me abrilhantava os olhos era biomedicina, no entanto, ele só teria na faculdade particular e não tínhamos condições de pagar. Minha mãe sugeriu que eu tentasse enfermagem, curso que tinha em Palmeira, só que não era o que eu queria, eu queria conquistar minhas coisas, queria fazer o curso dos meus sonhos, queria morar em Maceió. Por insistência, ela pagou minha inscrição para o vestibular, meu pai é o homem que tinha certa dificuldade de dizer não para sonhos, mas alertou que não tinha de onde tirar aquele dinheiro.

Passei no vestibular, celebramos em casa, foi um dia incrível, só que na hora de fazer a matrícula, me recordo que o valor era seiscentos e trinta e três reais na época. Onde iríamos conseguir aquele valor? Então, lembro de ter pedido com fé a Deus para realizar aquele meu sonho e no último dia da matrícula, uma tia minha (biomédica que me inspirou e inspira muito até hoje) pagou essa matrícula. Arrumei as malas, fui para Maceió, muito feliz! Pensava nas possibilidades de programas para financiamento estudantil, e chegando lá descobri que não existia para o meu curso.

Mais uma vez, pensei que tinha chegado ao fim meu sonho, no entanto, estudei muito, me dediquei e passei seis meses sem pagar a faculdade, a sensação já tinha sentido algumas vezes nas escolas particulares que estudei, só que as preocupações eram maiores porque das outras vezes tinha jeito, dessa vez o valor parecia ultrapassar todos os limites. Nas férias, pedi a Deus novamente uma luz, apostei todas as minhas fichas indo trabalhar no laboratório de minha tia, era envergonhada na época e não teria coragem de pedir, só que era dedicada e entreguei o meu melhor lá. No último dia para fazer a matrícula do segundo semestre, minha tia disse: 'San, me conta, o que você quer?' Nossa, como esperei por aquela pergunta e rapidamente respondi que queria voltar a cursar biomedicina em Maceió. Ela pediu para abrir o sistema da faculdade e ver os valores, aproveitou e pediu para mostrar minhas notas. Nesse momento, tremia de nervoso e alegria, ia dar certo! Ela pediu para eu ir em Maceió no outro dia para negociar aquela dívida e me questionou como seria após aquela matrícula, eu respondi que daria um jeito, agradeci muito a ela, a minhas outras tias envolvidas nesse processo e principalmente a Deus por me ouvir mais uma vez!

Meus pais estavam preocupados com a situação e conversaram para que não voltasse, para que eu interrompesse o curso ou adiasse um pouco mais, mas eu queria o curso e dentro de mim não podia aceitar a situação de desistir.

Quando cheguei a Maceió, fiz o acordo e fui conversar com minha irmã (por parte paterna), que trabalhava no shopping como vendedora, e disse que queria muito trabalhar para pagar minha faculdade, ela me convidou para morar com ela e ajudar com sua filha, que tinha apenas três aninhos, e que ela estava com dificuldade de com quem deixar no horário da noite para trabalhar. Eu rapidamente disse que gostaria de morar com ela, mas que precisava ganhar dinheiro, e ela me incentivou a vender sapatos porta a porta juntas nas horas livres. Parecia que tinha arrumado a solução, pegamos os sapatos, eu os levava para a faculdade, para a escola da minha sobrinha, para a casa das vizinhas, e oferecia, vendia e dividíamos o lucro, para completar, outras três tias se propuseram a me ajudar, cada uma com cem reais por mês. Meu pai também com cem reais, eu juntava esse dinheiro, mais o que eu ganhava para pagar a faculdade, alimentação e tudo o que eu precisava para me virar na capital. Mesmo com tudo financeiramente apertado, estava feliz, sentindo que estava realizando algo importante e apostando todas as minhas fichas."

O RIO SEMPRE ENCONTRA O MAR. PASSA POR UMA SÉRIE DE OBSTÁCULOS, MAS SEMPRE ENCONTRA O MAR

A vida de estudante universitária com o dinheiro contado seguiu, e ainda que você pense que essa é a condição usual da grande maioria dos universitários, porque realmente é, aqui nesta história existe um divisor de águas que posiciona de forma diferente quem tem clareza de propósito.

"Ainda em dois mil e nove, ano que comecei minha faculdade, conheci Diego, que hoje é meu esposo e meu sócio na vida e nos negócios. Homem íntegro, dedicado, esforçado e inspirador, na época trabalhava no corpo de bombeiros de Alagoas e estava aplicado nos estudos para o concurso da Polícia Rodoviária Federal, que era o sonho dele. Eu via sua dedicação para os concursos e admirava sua disciplina e foco, sempre que podíamos estávamos juntos, nos entendíamos no quanto precisávamos nos dedicar naquele momento para nosso futuro. Eu já tinha em mente algo voltado para o empreendedorismo, ele no momento pensava em concurso e me fez refletir sobre a 'estabilidade' que nunca tinha pensado, de toda forma a solução para ambos os caminhos era estudar, como não tinha tempo para estudar durante o dia, ficava atenta às aulas e sugeri a algumas colegas um grupo de estudos da madrugada, elas toparam e me saí bem em todas as matérias. Diego estava para decidir se colocava o concurso para Alagoas, que só tinha seis vagas, ou no Paraná, que tinha 180 vagas, jamais poderia influenciar em sua escolha, só que naquele momento senti medo dele ir para tão longe.

Todas as férias eu ia para minha cidade natal, trabalhava no laboratório da minha tia e entregava o meu melhor, estava lá quando recebi a notícia de que ele passou em primeiro lugar em Alagoas, fiquei feliz e orgulhosa demais.

As vendas dos sapatos foram diminuindo, quando uma colega de sala descobriu a distribuidora que eu pegava e começou a levá-los para a faculdade nas caixas e mais organizados em seu carro (eu tirava das caixas para levar na mochila no ônibus). Vi que precisava fazer algo e comecei a colocar currículos no shopping, passei por muitas entrevistas e sempre dizia: "Quero trabalhar, para pagar meus estudos!". As respostas foram todas negativas, já estava triste e me perguntando onde estava errando para conseguir aquele emprego, estava com entrevista marcada para o outro dia e quase não consegui dormir, aquela vaga precisava ser minha. Coloquei a melhor roupa que tinha, me arrumei e o dono da loja perguntou porque queria trabalhar lá, respondi: 'Porque preciso e vou vender muito aqui.' Aprendi que ninguém me contrataria se contasse minha história tristinha, as pessoas querem pessoas vencedoras e que gerem resultados.

Continuei vendendo sapatos para as vendedoras das lojas, na faculdade e por onde andava, continuei estudando muito todos os períodos e trabalhando na loja de roupas masculina. Mesmo com as vendas, houve vários dias que não sobrava dinheiro para o almoço, emagreci muito nessa época, a minha prioridade era não atrasar a mensalidade da faculdade.

No primeiro mês da loja de roupas masculinas, mesmo sendo boa vendedora, não bati a meta proposta. Talvez estivesse preocupada com as provas e também não conseguia aumentar meu ticket, vendia aquilo que o cliente procurava. Certo dia, o cliente quis comprar um terno e eu não soube dar nó de gravata, fiquei com medo de perder o emprego porque perdi aquela venda que era certa, prometi a mim mesma que nunca mais perderia uma venda como aquela. Cheguei em casa e procurei na Internet como se fazia o nó, lembro que pratiquei muito naquela madrugada, até conseguir. O dono da loja me desafiava muito e a maior parte dos meus ganhos vinha justamente do volume de vendas, da comissão. Fui aprendendo e me destacando na loja, gostava da sensação de bater metas, e nas férias da faculdade ficava o horário inteiro na loja, era das primeiras a chegar e das últimas a sair. Dezembro lembro de ter feito o melhor salário que tinha recebido até aquele momento, entendi como era ser uma vendedora de roupas em uma loja masculina, por exemplo, aprendi que quando entrava um homem acompanhado de uma mulher eu devia me direcionar mais para a mulher, aprendi a venda complementar, que dizer, quando um cliente entrava pedindo uma camisa, eu oferecia a calça, o terno, a cueca, o sapato e tudo que fosse preciso para fazer um ticket maior.”

Esse comportamento natural de Sanauá, ainda que instintivo, traz em sua estrutura o conceito desenvolvido e divulgado por Carol Dweck, uma psicóloga americana especialista nos campos da personalidade, psicologia social de desenvolvimento. O conceito em questão é o chamado *mindset* de crescimento ou mentalidade de crescimento, onde as pessoas dotadas desse pensamento entendem que além dos erros servirem como aprendizados para melhorar na próxima vez, também têm consciência de que o processo de melhoria e crescimento é contínuo.

“Eu e Diego ainda estávamos batalhando muito, não eram tempos fáceis, tínhamos três anos de namoro e queríamos ficar mais perto, sempre

que eu podia comentava que já não me sentia bem morando na casa de familiares, que sonhava com nosso cantinho, e no último semestre da minha faculdade de biomedicina Diego pediu para casar comigo, lembro de cada detalhe daquele dia. Tinha saído da faculdade e fui ao seu encontro no centro da cidade para uma audiência do Procon, ele cursando seu primeiro período de Direito, esperando ansiosamente o concurso chamar com a promessa de melhoria em nossa vida financeira, o sol escaldante, e no meio da conversa, sem planejar muito, ele disse: 'Quer casar comigo?' Eu quase não acreditei e claro que disse que sim. Na mesma hora, fomos à loja das alianças e compramos parcelado em doze vezes no cartão. Estava muito feliz e emocionada naquele dia. À noite já fomos conversar com os meus pais, que nos abençoaram, e em um mês estaríamos com os papéis assinados para ter a nossa tão sonhada vida a dois.

Muitas pessoas não entenderam nossa decisão, só faltavam seis meses para finalizar a faculdade, faltava pouco para ele ir para o curso de formação, por que a pressa? Cogitaram gravidez, que só veio após três anos. Nós só queríamos ter a nossa paz e compartilhar a vida a dois. Como ainda estávamos nos estruturando, fomos morar em um lugar simples, uma vila em que o aluguel da casa era de duzentos reais. Lembro que quando olhei a casa que ia ser reformada por ele e por meu sogro, pensei comigo: 'Deus do céu, onde vim morar?!?', é que as paredes estavam com lodo, as portas fora do lugar e Diego já tinha visão que, com poucos ajustes, ali se tornaria nosso lar, ele me acalmou. Era o começo de nossa vida de casados.

Em poucos meses, ele foi fazer o curso de formação em Brasília e eu fiquei estudando para finalizar meus estágios obrigatórios, por conta do horário da faculdade, que fica mais intenso no último semestre, precisava pedir para sair da loja de roupas, a loja infelizmente não ia bem nesse período e o dono decidiu fechar, por sorte consegui receber o seguro-desemprego, que eram os seis meses que precisava. Nesse tempo, comecei a estudar para concurso. O salário de Diego iria mudar muito saindo do bombeiro para a PRF, e eu por mais que amasse a venda e o empreendedorismo, vi no concurso algo mais seguro.

Antes mesmo de colar grau, voltei a trabalhar no laboratório de minha tia, dessa vez como biomédica, saía emocionada de casa todos os dias e, ao vestir aquele jaleco, era das melhores sensações. Eu me desafiei lá e assumi mais áreas do que qualquer outro biomédico tivesse assumido, sei que era das melhores colaboradoras que ela já teve e sou muito grata pelo tanto que aprendi nesse período. Diego trabalhava na mesma cidade e morávamos lá, só que eu continuava em um ritmo de trabalho frenético e ele estava mais tranquilo nos plantões. Depois de algum tempo, surgiu uma oportunidade no hospital de Santana do Ipanema, cidade ainda mais distante da capital, e fomos morar lá, moramos por dois anos, consegui ajustar a escala para ficar igual a de Diego e começamos a verdadeiramente usufruir de nossas conquistas. Continuávamos estudando, ele finalizando o curso de Direito e eu para concurso, até que passei em um deles para a Universidade Estadual de Alagoas. Junto com essas notícias, descobrimos a gravidez de nossa primeira filha, Ágatha, que emoção, minha maior missão estava prestes a se realizar. Pensando no que era melhor para a nossa família em relação a cuidados médicos, parto e futuro de Ágatha, decidimos voltar para Maceió.

Já em Maceió, indo contra todo o sistema, decidi ter um parto natural em casa, nesse dia eu renasci e admirei ainda mais Diego, como homem, esposo, e no processo de se tornar pai ativamente em todos os detalhes. Essa história merece outro livro, rsrs.

Vendo nossa filha crescer, esperando o concurso e já inquieta querendo trabalhar, estava realizando duas pós-graduações em citologia e outra em estética. No fundo, queria abrir ou um laboratório ou uma clínica de estética e aquele sonho foi crescendo a cada dia.

Diego chegou em casa de um plantão e comentou que tinha visto uma matéria na revista Pequenas Empresas & Grandes Negócios sobre a franquia Emagrecentro. Quando ele me falou a respeito, na hora, senti 'de cara': é isso!!! Encontrei o que realmente queria, pois ainda que eu estivesse esperando o concurso chamar, tinha muitas dúvidas se nesse meio era onde encontraria minha felicidade, não era a estabilidade oferecida pela administração pública que brilhava meus olhos, então comecei a mudar meus esforços, a ler sobre a franquia, e não demorei muito para entrar em contato com eles. Diego já enxergava com outros olhos o mundo do empreendedorismo, já queria, e quando trouxe a matéria sobre a Emagrecentro, começamos a estudar juntos esse modelo de negócios.

Pela preparação que estávamos fazendo, planejamos abrir a clínica em dois mil e dezessete, mas a pessoa de expansão da Emagrecentro nos disse que era importante fazermos naquele ano, em dois mil e dezesseis, pois não

*poderia segurar a praça, eventualmente poderia aparecer outro interessa-
do. Diego, por um momento, colocou em dúvida essa mensagem, dizendo
que poderia ser simplesmente papo de vendedor que queria fechar contrato
logo. Se era ou não, nunca soubemos, mas não queria perder a chance,
queria achar um jeito, um como montar a clínica. Não havia condições naquele momento, não havia dinheiro guardado, mas já tínhamos conseguido
comprar um apartamento e um carro, então decidimos vender os dois bens
e empreender na clínica.*

*Eu tinha determinação e certeza do que queria e Diego veio junto,
confiou em nós."*

Sanauá passou a conhecer o universo do sistema de franquias. De um
lado, um negócio formatado, com apoio, com suporte, uma rede colaborativa
que trabalha para que o franqueado dê certo. De outro lado, uma pessoa que
agarrou essa chance com unhas e dentes e fez daquilo sua vida!

*"Quando montamos a clínica com recursos que vieram da venda do carro
e do apartamento, lembro que, em conversa com a franqueadora, havia um
espaço, uma metragem de imóvel recomendada por eles, mas pedi que aceitas-
sem um espaço menor porque eu tinha receio do valor do aluguel e meu pedido
foi aceito, ainda que eu tivesse recebido o alerta que logo, logo, seria necessário
ampliar esse espaço. Fizemos a clínica então no local e tamanho combinados,
aí o órgão onde tinha a vaga do concurso que eu havia passado, no mês que estava para inaugurar a clínica, me convocou para assumir o cargo. Diego, meu
esposo, me chamou e me deixou muito à vontade, na verdade, me ajudou a
endossar o que eu queria, me dizendo: 'Olha, eu estou na Polícia Federal, temos
essa renda, então vai, continua e prioriza a clínica'. Foi importante ouvir isso
dele, aí definitivamente renunciei à vaga do concurso e fiquei focada na empresa, trabalhando treze horas por dia. Naquele período, minha primeira filha já
estava com um ano de vida, o que exigia ainda mais de mim, pois, embora eu
sempre tenha estudado e trabalhado, assumir a empresa, uma nova experiência com Ágatha tendo somente um ano de idade, pediu que eu reorganizasse
minha dinâmica. Precisava associar tudo, queria muito que o resultado viesse, então assumi a parte de venda e atendimento, contratei mais três pessoas
que eram esteticistas e uma para recepção. Diego, quando não estava em seu*

serviço na Polícia Federal, estava comigo na clínica, fazendo de tudo, e fomos crescendo juntos. Minha intuição e crença eram muito claras de que as coisas iriam dar certo!

No primeiro mês de abertura, já conseguimos alcançar o ponto de equilíbrio e nos tornamos referência entre as melhores unidades da rede! No começo eu acreditava que as outras clínicas eram bem-sucedidas é porque poderiam ser de médicos ou de profissionais mais experientes no negócio, mas ali, a partir do terceiro mês, vi que não era isso, que dependia de minha aplicação e esforço. Ao final dos primeiros três meses de operação, precisamos dobrar a estrutura, pois os clientes vinham de todo lugar da cidade, havíamos virado referência de excelência em atendimento e, aos seis meses de funcionamento, fizemos o recorde nacional de faturamento da rede! Quando o fundador, Dr. Edson, me ligou para compreender o que estávamos fazendo, principalmente porque ali, na praça de Maceió, já havia tido uma unidade que fechou porque não havia dado certo, então ele ficou tranquilo por entender que a praça não era um problema, mas o franqueado anterior não tinha plena identificação e alinhamento ao negócio. Para mim, era a oportunidade da minha vida, então eu aplicava o método, manuais e treinamentos recebidos da franqueadora de forma integral.

Após um ano de operação, em dois mil e dezessete, Dr. Edson nos convidou para palestrar para os franqueados de toda a rede Emagrecentro, para compartilhar como trabalhávamos. Viramos um 'case' para a franqueadora, e a partir dali outras unidades passaram a nos procurar e estabelecer contato mais estreito e conseguirem melhores resultados em suas clínicas."

A primeira clínica, além de ser um grande sucesso e ter feito valer a pena todo o trabalho e esforço de Sanauá, estava em um caminho de consolidação, mas mesmo tendo sido ampliada, tinha ficado pequena para o tanto que Sanauá poderia produzir e entregar resultados, então, por que não expandir para uma segunda operação?

O TRABALHO QUE QUASE FOI POR ÁGUA ABAIXO!

Embora a primeira unidade tenha requerido decisão, algum planejamento e a crença que era um negócio para dar certo, nessa segunda, a capacidade de resiliência de Sanauá, creio que seja correto afirmar, foi colocada plenamente à prova!

"Em dois mil e dezoito, abrimos a segunda unidade, também em Maceió, e veio um novo recorde de faturamento nessa clínica, mas ela tem sua história...

Na véspera da inauguração, em um domingo, estávamos preparando tudo, imprimindo fichas, eu marcando avaliações pelas redes sociais, afinal, naquela época eu trabalhava de domingo a domingo e Diego ajustando o que faltava, pontos de energia, tudo para inaugurar no dia seguinte, segunda-feira. Quando foi em torno de nove da noite, a caixa d'água começou a transbordar! Foi um dilúvio na clínica, tinha água por todos os lados! Tudo arrumado, decorado, a clínica estava linda, e naquele momento, água jorrando por tudo.

Por mais que eu seja uma pessoa resiliente, aquele dia, sentei-me e chorei. Diego com alguma apreensão, mas mantendo equilíbrio, se aproximou de mim e disse: 'Tenha calma. Nós vamos inaugurar amanhã e será um sucesso.'

Eu tenho um grupo de WhatsApp com os colaboradores e escrevi o que tinha acontecido. Não pedi ajuda, só informei o que houve e pedi orações para que conseguíssemos inaugurar. Depois disso, sem eu esperar, afinal, já eram mais de nove horas da noite, apareceram três colaboradoras com baldes, panos, rodos e disseram: 'Estamos aqui para enxugar junto!' Aquilo mexeu demais comigo, me trouxe muita força! Conseguimos um secador industrial e fomos trabalhando, secando teto, paredes e piso. Perdi grande parte do material gráfico e adesivos que estavam nas paredes.

Já eram duas da manhã e pedi para que elas fossem para casa descansar. Continuamos eu e Diego até as cinco horas para finalizar o que fosse necessário. Tínhamos ficado sem energia elétrica em parte das instalações, mas Diego em todo momento dizia: 'Vamos continuar. A clínica vai inaugurar e será um sucesso!'

Cinco da manhã fomos para casa, tomamos banho e voltamos logo depois, às sete horas, pois a inauguração estava marcada para as oito. Ficamos sem dormir e quando chegamos de volta à clínica, outra surpresa! Parte do forro de gesso, uma sanca de mais de sete metros de altura, cedeu e caiu! Tínhamos uma caminhonete que estava na porta da clínica, Diego pediu ajuda para duas pessoas, pegaram a parte do gesso que caiu e colocaram na caçamba da caminhonete, falou para eu limpar a sujeira que tinha ficado, pois tínhamos uma inauguração para fazer dali a uma hora e ainda bem que aconteceu antes, porque teríamos esse tempo de reação.

Pois bem, às oito horas abrimos e as pessoas entraram encantadas, sem sequer perceber o incidente com o gesso. Na recepção, não conseguimos restabelecer a ligação de energia e isso deixou a temperatura desconfortável, mas nas salas de atendimento tudo estava funcionando e tínhamos ar-condicionado, então fomos chamando as pessoas, realizando as avaliações e toda a equipe com sorriso no rosto! O propósito existia, era muito grande, então tinha que acontecer e ao final do dia, quando medimos o resultado, foi inacreditável!

Às nove horas da noite, quando encerramos tudo, voltamos com o pessoal do gesso, reorganizamos as coisas, passamos mais uma noite sem dormir e, no dia seguinte, tudo estava pronto. No primeiro mês, batemos recorde nacional de faturamento.

Ali foi quando vivenciei um momento que, se eu estivesse sozinha, talvez teria ligado para os clientes e adiado a inauguração, mas ter Diego do meu lado fez toda diferença. O tempo todo ele acreditou e me fez acreditar que seria possível!"

Depois de tanta experiência em um espaço tão curto de tempo, é hora de organizar a casa. Calma. Não se falou em parar de crescer, mas sim de crescer melhor!

"Após essa segunda operação, iniciamos uma melhor estruturação e organização de nossos processos para que eu pudesse dedicar mais tempo para a estratégia do negócio e realizar novos cursos, aprender novas técnicas. Fomos nos debruçar em estudos para aprender como fazer nossa empresa ser autogerenciável. Fui aprender harmonização facial e implementei esse serviço, no começo comigo mesmo atendendo, fazendo o operacional do processo.

Atualmente, temos trinta e seis colaboradores em nossos negócios, mas cada um sabendo sua função, trabalhando de forma realmente autônoma, com ferramentas de gestão e autogerenciamento, o que me permite liberdade de tempo para ajudar outros franqueados.

Abrimos, além de nossas unidades franqueadas, uma empresa de treinamentos, o Instituto Meraki Treinamentos, fazemos mentoria para os franquea-

dos Emagrecentro, são mais de cem franqueados atendidos por nós, inclusive nós fazemos a organização da convenção de franqueados da rede.

Com toda complexidade que envolve gerir a equipe que temos, esse ano fomos reconhecidos pela GPTW (Great Place to Work) como a melhor empresa para se trabalhar em Alagoas, foi muito legal para nós! Levamos propósito para todos os nossos colaboradores, para mim não existe uma relação em que para que eu ganhe o outro precise perder. Eu ganho, eles ganham e cada cliente que entra na Emagrecentro precisa passar pela transformação desejada e ganhar também.

Não tem essa de querer ganhar em cima de ninguém. Quando conseguimos passar essa paixão e amor pelo que se faz, o colaborador dá certo. Desde que essa segunda unidade inaugurou, toda a gestão financeira e administrativa ficou sob os cuidados de Diego. Fomos evoluindo juntos em cursos e treinamentos de desenvolvimento humano, inteligência emocional, tudo que se podia fazer, estávamos dispostos a aprender e realizar uma gestão mais humana, um tipo de gestão que acreditamos. Não é que as pessoas iam trabalhar de bermuda ou iam ter uma mesa de pingue-pongue na empresa, não é isso, mas existe um propósito muito claro, somos firmes nesse propósito, mas com um ambiente e clima organizacional muito bom. É uma busca contínua para isso.

Acredito muito na liderança inspiracional e aí foi fluindo, e por isso que a gente consegue hoje ter melhor organização do nosso tempo de vida, mas nunca esquecendo a persistência e determinação que nos trouxe até aqui."

A unidade Emagrecentro de Maceió foi reconhecida na sétima edição GPTW Alagoas como a melhor empresa para se trabalhar no Estado, em primeiro lugar na categoria Empresas de Pequeno Porte.

PALMEIRAS DOS ÍNDIOS, ONDE TUDO COMEÇOU

Após as experiências, crescimento, desenvolvimento e a visão de que se podia ir mais longe, Sanauá realizou o que foi mais um grande orgulho para ela e toda a família, abriu uma nova operação em sua cidade natal, Palmeiras dos Índios, e não parou por aí.

"Abrimos uma terceira unidade na cidade que nasci, em Palmeiras dos Índios. Eu queria mesmo proporcionar a evolução das pessoas! Quando en-

tendemos que já éramos três clínicas e nossa empresa demandava mais aten-ção, Diego pediu uma licença não remunerada no trabalho, mas depois de planejarmos muito e quando isso aconteceu, conseguimos aumentar de for-ma relevante nossos resultados.

Ainda depois das três primeiras, ficamos sócios de uma outra unidade que já funcionava em João Pessoa, embora posteriormente tenhamos ven-dido a clínica de Palmeiras dos Índios e desfeito a sociedade em João Pessoa porque era necessário mais foco em Maceió e na empresa de treinamentos que havíamos montado, além, claro, que era necessário nos dedicarmos a Ágatha e Thayla, nossas pequenas.

Lá em João Pessoa, na clínica que ficamos sócios, após o primeiro mês que fizemos a sociedade, já houve uma mudança significativa nos resultados, consequência de alguns ajustes que fizemos na operação. O faturamento da unidade triplicou! Claro que, a partir disso, os sócios qui-seram, além dessa, abrir uma nova clínica comigo e Diego em sociedade, mas eu disse que só abriríamos se surgisse um imóvel estruturado com ta-manho adequado, quantidade certa de salas, algo encaminhado para não demandar tanta reforma, e em menos de três meses apareceu um imóvel exatamente do jeito que queríamos! Montamos e, depois de um tempo, por outros projetos desfizemos a sociedade, nossos ex-sócios são grandes amigos que brilham cada dia mais com suas clínicas Emagrecentro, me sinto feliz pelo resultado deles.

Como em toda experiência há algo que se pode aprender, essa de montar mais três operações, de sociedade, de ter todas as clínicas com resultados de alta performance, nos ajudou a validar o conceito de mentoria que desenvol-vemos e nos credenciar para apoiar toda a rede Emagrecentro."

O segmento em que opera a Emagrecentro também não passou ileso pelos efeitos da pandemia em dois mil e vinte, mas é a velha história: em vez da afirmação "não consigo", Sanauá foi à pergunta "como faço?"

"Em dois mil e vinte, depois do decreto, precisamos fechar aqui em Ma-ceió, mas meu pensamento diante de adversidades sempre é 'apesar disso, como faço?', em vez do simplesmente 'não dá para fazer'. Então fizemos uma reunião com os colaboradores e, mesmo com as clínicas fechadas, nosso

time comercial continuou trabalhando internamente, pois como tínhamos uma lista de clientes fidelizados, fizemos contato telefônico, principalmente com servidores públicos que não tiveram impacto em seus vencimentos, e fizemos uma campanha assim: para quem comprasse um tratamento naquele período, quando a clínica abrisse, entregaríamos um segundo tratamento como bônus, ou seja, o cliente receberia o dobro do serviço que adquiriu, e nisso, o cliente fidelizado nos salvou. Claro que foi necessário que tivéssemos sensibilidade na hora de ligar, afinal, era um momento delicado, muitas pessoas tiveram perdas familiares, então, antes de oferecer qualquer produto, perguntávamos como a pessoa estava e, em alguns casos, somente ouvíamos, mas não tinha mesmo condições de oferecer nada, devido à situação emocional da pessoa.

Tivemos queda no faturamento e fizemos negociação com fornecedores maiores. Os menores fizemos esforços e pagamos, e também a todos os colaboradores. Especialmente nossa equipe, era necessário que tivessem segurança naquele momento."

ROMPENDO HORIZONTES

Superado esse período atípico e que da forma mais inusitada possível deixou uma série de aprendizados, Sanauá, em sua busca incansável da continuidade de desenvolvimento e crescimento, foi parar em Harvard, nos Estados Unidos. Uma das mais importantes instituições de ensino do mundo!

"Em agosto de dois mil e vinte e dois, fui selecionada para uma especialização em harmonização facial em Harvard. Eu criei um método de harmonização com naturalidade. Essa especialização foi um sonho realizado e que agregou muito ao meu trabalho e meus resultados. Somente o fato de estar naquele lugar, de sentir a energia daquela atmosfera, foi incrível!

Eu me lembro que, atravessando uma rua e conversando com meu esposo, me veio a lembrança quando eu era criança, que me questionava: 'Para que vou estudar inglês, se eu nunca irei para lá, para os Estados Unidos?', eis que me vi lá, então minha criança ressurgiu e disse: 'Olha onde você está hoje!'.

Em novembro de dois mil e vinte e dois, fui convidada para palestrar em Portugal. Eu e Diego somos muito felizes em impactar a vida das pessoas com quem temos possibilidade de compartilhar nossa história."

Ao longo de uma trajetória, sempre existem altos e baixos, acertos e erros e aprendizados que vêm junto com o dia a dia. Na jornada de empreendedorismo, pelo *franchising* ou não, isso não é diferente. Sanauá compartilha aqui conosco seus principais aprendizados, conselhos e a relação com o franqueador.

"Penso que meu grande acerto, e que também foi minha decisão mais difícil, foi vender tudo o que tínhamos e acreditar, apostar tudo na abertura da primeira clínica. Tinha que dar certo, não via outra opção.

Encaro nossa relação com o franqueador como uma grande família. Os franqueados se ajudam muito e Dr. Edson, o fundador, tem esse espírito colaborativo em seu DNA. É uma pessoa muito próxima e disponível vinte e quatro horas por dia. Os franqueados têm abertura e comunicação direta com ele, isso gera muita segurança.

Agora, pensando que palavras, que conselhos eu deixaria, é que acredito, sim, que a franquia é um bom negócio porque existe uma metodologia, um sistema pronto. Esse empreendedor, que é franqueado, já sai na frente. Ele absorve muita experiência do franqueador e dos franqueados que já vivenciaram muitas dificuldades e facilitam então o caminho do franqueado que está chegando à rede, mas é sempre importante lembrar que a marca não anda sozinha. O franqueado precisa se esforçar, precisa trabalhar, entregar excelência, e aí o dinheiro vem. A marca entregará o método e experiência, mas cabe ao franqueado pegar isso e somar o seu melhor no que diz respeito à entrega e ao empenho.

As pessoas, em geral, têm a tendência de procurar um culpado quando algo dá errado, ou não acontece como elas gostariam, e no sistema de franquias, geralmente o franqueado quer colocar a culpa no franqueador ou em alguém, mas é necessário saber que haverá dias bons e dias ruins. É preciso ser persistente. Eu me lembro de uma mentorada me dizendo quando ela não recebia um sequer pedido de avaliação em sua clínica. Disse que nas minhas clínicas isso também pode acontecer e se isso acontece, no dia seguinte, temos que prospectar mais e melhor. O dia ruim não pode fazer daquilo o estado permanente da vida.

Quando os franqueados foram fazendo crescer os resultados de suas unidades, isso foi cada vez mais validando o método que havia montado, então tínhamos plena clareza onde podíamos melhor ajudar essas pessoas.

Um ponto interessante é querer ajudar os clientes e colaboradores, mas, às vezes, não tem quem cuide dele. Às vezes, existem situações que temos que trazê-los à realidade, digo a eles: 'Quem faz o que quer é criança mimada, a gente faz o que é preciso para ter resultado, se tem que fazer vídeo, vamos fazer vídeo. Que resultado você quer alcançar? Para alcançar esse resultado, então precisa disso, disso e disso, então, tem que fazer.'

É necessário parar de reclamar e trabalhar. Qualquer franquia que você for trabalhar vai ter seus defeitos, mas e aí? Irá focar nos defeitos ou nas qualidades? Irá aproveitar as qualidades para gerar resultados ou irá se juntar ao grupo que só reclama?"

Essa postura de se juntar a um ambiente negativo, de reclamação, cria uma atmosfera de improdutividade, de negatividade, onde nada parece estar bom. É atestado que quando nos fechamos para uma ideia, para um projeto, que quando negamos possibilidades, nosso cérebro não desenvolve as sinapses necessárias para criar e desenvolver soluções.

Sanauá continua:

"E se a gente que está à frente do negócio tiver essa postura de desânimo, de negatividade, o que acha, então, que acontecerá com seu liderado? Posso estar com problemas em algum dia, mas só entro na clínica com meu maior sorriso no rosto, pois sei que a forma que me apresento influenciará no resultado da equipe.

Falo muito nos treinamentos: se tem uma segunda-feira que o coração da pessoa está apertado, já não está querendo ir para o trabalho, está no estágio 'ai, meu Deus, é segunda-feira!', é porque aquilo não está fazendo sentido para essa pessoa. Precisa procurar outro lugar. Aqui precisa ser um lugar que você tem gratidão por estar, mas se digo isso para minha equipe, eu também preciso ser uma pessoa positiva!"

GRATIDÃO

"Sou muito grata primeiramente a Deus, levo valores cristãos em todos os meus passos e se sou quem sou, é pela mão poderosa Dele. Agradeço aos meus pais, eles me deram todo o amor que precisava e deram o maior

presente que poderia receber: minha vida! A todas as minhas tias, a minha família. Minha mãe é a mais nova das irmãs e, talvez por isso, elas tenham tomado uma posição de mãe para mim, então tive várias mães dispostas a ver meu sucesso, e hoje, quando nos encontramos, é uma grande celebração sempre! Tenho certeza de que elas ficam felizes e continuam torcendo pelo meu crescimento. Sou muito grata a todas elas.

Diego deixar a carreira que ele tanto sonhou também foi uma decisão compartilhada. Sempre respeitamos muito a decisão do outro, mas ele entendeu, enxergou um propósito em nossa empresa, algo que nos faria crescermos juntos. Hoje, a sua visão de empresário impacta e transforma várias empresas.

Quando olho para trás, de sete anos para hoje, minha vida mudou completamente. A casa que moro, a estrutura que posso oferecer para minhas filhas, mas, claro, é uma busca, uma construção constante, nunca parei de estudar, nunca deixei de ter garra e determinação para conquistar aquilo que realmente faz sentido para mim e para Diego.

Coloquei em minha mente que jamais faria parte do time de desistentes. Posso mudar a rota, mas sempre persistir para conquistar o resultado, é isso que falo para as pessoas, para acreditarem em seu potencial, acreditar em você mesmo, independentemente de haver alguém de fora acreditando ou não em você. Essa persistência e essa determinação podem levar muito longe.

Espero que quem tenha acesso a esta história e outras do livro possa visualizar que não é onde você está, é quem você é, e o resultado que você quer gerar na vida das pessoas. Tudo que a gente faz não faria sentido nenhum se não fosse para outras pessoas. Nossa existência é servir e tenho comigo que quando entregamos o melhor, quando fazemos o que é preciso ser feito, até o dinheiro vem, e vem como consequência de tudo isso, desse propósito, dessa paixão pelo que fazemos!"

Quando pergunto, para Sanauá, se ela pudesse fazer uma visita a ela mesma, lá no passado, no primeiro ano de faculdade, o que a empresária bem-sucedida de hoje diria para a estudante no passado, ela traz com muita segurança que tudo valeu a pena!

"Ah, falaria para Sanauá estudante que tudo valeu a pena, como foi bom ter sido persistente, ter sido determinada e como está sendo bom trabalhar para deixar um legado. Acho que a criança, a adolescente Sanauá, se orgulha muito de quem se tornou no futuro."

"O SER HUMANO NÃO É COMPLETAMENTE CONDICIONADO E DETERMINADO; ELE MESMO DETERMINA SE CEDE AOS CONDICIONANTES OU SE LHES RESISTE. ISTO É, O SER HUMANO É AUTODETERMINANTE, EM ÚLTIMA ANÁLISE. ELE NÃO SIMPLESMENTE EXISTE, MAS SEMPRE DECIDE QUAL SERÁ SUA EXISTÊNCIA, O QUE ELE SE TORNARÁ NO MOMENTO SEGUINTE."

(VIKTOR FRANKL)

SOBRE A EMAGRECENTRO

- **Segmento:** saúde, beleza e bem-estar
- **Número de unidades:** 338

Há 36 anos, a marca Emagrecentro era fundada por um médico que hoje é referência na área de emagrecimento e estética.

Em 1994, a Emagrecentro iniciou seu projeto de *franchising* com a sua filiação à ABF (Associação Brasileira de Franchising).

Atualmente, é a maior rede de clínicas de emagrecimento e estética das Américas, com mais de 230 unidades no Brasil e mais três unidades no Estado da Flórida, nos Estados Unidos, e atende mais de três milhões de clientes.

- **Site:** https://www.emagrecentro.com.br/
- **Fonte:** https://www.portaldofranchising.com.br/

5

CONSTRUÇÃO
EM FAMÍLIA

Carina e Paulo dividem sua história e um raro exemplo de sucesso de um negócio envolvendo sócios e família de forma plenamente harmoniosa, além de uma encantadora simplicidade e respeito pelas pessoas que compõem os times de suas unidades franqueadas. Possuem tanta sinergia que, durante a entrevista, um completava a fala do outro, o que faz que, nas citações abaixo, quase não tenhamos distinção entre suas narrativas, no que é de um ou de outro, tamanha a capacidade que tiveram de um iniciar e o outro complementar os assuntos abordados.

SÓCIOS DESDE MUITO CEDO

Carina e Paulo se conheceram ainda jovens no interior de São Paulo, pelo convívio familiar, muito antes de imaginarem que seriam um casal e mais ainda possuírem um negócio que prosperou de forma tão bem-sucedida!

> "Começamos a namorar no Japão, embora já nos conhecêssemos aqui no Brasil, nossas famílias já tinham convivência, coisas de cidade do interior, onde todos se conhecem.
>
> Nos primeiros quatro anos no Japão, Paulo trabalhou em uma fábrica de móveis escolares e depois foi trabalhar em uma fábrica de doces, que inclusive exporta para o Brasil. Trabalhava muito, mas tinha um objetivo.
>
> Carina já trabalhava na fábrica de balas e doces quando Paulo foi para lá. Trabalhou entre mil novecentos e noventa e seis até o ano de dois mil e um. Eram no mínimo treze horas de trabalho por dia, inclusive aos sábados.
>
> Em dois mil e um, Carina ficou no Brasil e Paulo voltou para o Japão para ficar por mais sete meses. Em julho de dois mil e dois, retornou definitivamente para o Brasil."

No retorno para o Brasil, Carina e Paulo haviam conseguido alcançar seus objetivos que passavam principalmente por conseguir realizar economias que os permitissem iniciar uma nova vida e empreender em seu próprio negócio, durante a conversa trouxeram um tema importante que, por vezes, para quem nunca passou pela experiência que eles tiveram, sequer imaginam, que é a decisão sobre o que fazer, em que negócio investir ou empreender, e com um olhar muito mais apreensivo.

> *"Tem uma coisa que acontece, é que boa parte das pessoas que retornam do Japão voltam ainda sem clareza do que fazer, em que investir ou empreender. O dinheiro que se junta lá é muito suado, então tem que ser algo que dê certo. Não podemos errar.*
>
> *Em dois mil e um, quando ainda estávamos no Japão, viemos passear no Brasil, a minha irmã, que morava em Conchal, no interior de São Paulo, veio para Birigui em busca de empreender em um negócio próprio, tinha sua loja Casa do Construtor e ofereceu uma sociedade para nós. Essa oferta de sociedade aconteceu em dois mil e um. Minha irmã havia conhecido a rede através de uma reportagem em uma revista, mas nesse momento ainda não firmamos a sociedade.*
>
> *Nós moramos em Birigui, mas abrimos nossa primeira unidade em Araçatuba, optamos, assim, por ser uma cidade maior, fomos a décima loja da rede Casa do Construtor. Hoje são duas lojas em Araçatuba, que são integralmente nossas, e outras seis operações em sociedade com sócios de nossa família. Trouxemos a família para a franquia.*
>
> *Em dois mil e três, minha irmã voltou para o Japão e aí ficamos com a loja eu e o Paulo."*

Uma situação comum de franqueados que entram no início das redes de franquia é o estabelecimento de uma relação muito próxima com os fundadores, especialmente quando existe uma reciprocidade em características como simplicidade e simpatia.

> *"Pegamos um tempo em que o treinamento inicial e cursos oferecidos pela franqueadora eram ministrados pelos próprios fundadores, o Altino e o Expedito, que, aliás, são pessoas que temos enorme carinho e respeito.*
>
> *Nossa primeira carga de andaimes fomos nós mesmos que pintamos e adesivamos. Descarregávamos o caminhão, limpávamos, entregávamos, tudo era a gente quem fazia. Até mecânica de equipamentos Paulo*

precisou aprender um pouco, mas isso permitiu ganhar muita profundidade no negócio. Hoje está tudo mais fácil, a marca é muito mais forte e as pessoas chegam até nós sabendo quem somos, sabendo o que é locação de equipamentos."

Após um período inicial de aprendizado e amadurecimento na operação, foi incrível a disposição do casal para continuar crescendo e envolvendo a família no negócio. Foram importantes também na divulgação e crescimento da marca naquele momento.

"Posteriormente, ainda abrimos em Presidente Prudente com um irmão. Em Londrina, outro irmão, o Everson, abriu a loja dele através de nossa indicação, hoje ele tem duas lojas em Londrina, uma em Cambé e outra em Ibiporã, além de termos trazido alguns amigos para a rede. Ainda temos com um primo, também nosso sócio, as lojas de Cascavel e Toledo no Paraná. Em Cascavel já estamos indo para a terceira loja na cidade, e em Tupã, interior de São Paulo, a sociedade é com um amigo nosso. A loja de Presidente Prudente, algum tempo depois, passamos integralmente para minha irmã.

Ah, meu primo de Cascavel também está levando a família dele, daqui de São Paulo, para fazerem lojas naquela região do Paraná."

Claro que, durante o caminho, existiram momentos que exigiram muita paciência, resiliência e acima de tudo perseverança, pois estavam entrando em um segmento desconhecido por eles, que eram os equipamentos e ferramentas na área de construção civil, e em um mercado que, se hoje é absolutamente comum falarmos em locação de quase tudo, para a época não era uma prática, não existia demanda como existe hoje. Foi necessário acreditar muito neles mesmos e no negócio!

"Somos muito confiantes, muito gratos à franquia. Começamos do zero, não éramos somente investidores como se vê muito hoje no mercado. Abrimos nossa primeira loja com todos os recursos que tínhamos. Trabalhávamos muito! No começo, era somente um pequeno barracão de trezentos metros quadrados, e esse começo foi muito difícil, especialmente os três primeiros anos em que várias vezes pensamos em fechar as portas e voltar para o Japão.

Na época, era algo muito diferente, ninguém conhecia ou tinha o hábito de alugar equipamentos e nós também não sabíamos nada do segmento. Era comum as pessoas comprarem equipamentos e ferramentas. Por exemplo, andaimes, preferiam montar de madeira; furadeiras, usavam as que tinham, que nem sempre eram as mais adequadas."

Aqui não houve como não lembrar de meu pai e de uma prática que creio que fosse comum nos pais de muitos que estão lendo este material, que era possuir um baú, às vezes um quartinho destinado a guardar ferramentas, e com todo cuidado e ciúmes do mundo, aliás, ai de quem pegasse uma ferramenta dessas emprestada...

Nesse processo todo, de um negócio no início e pautada pela proximidade, respeito dos franqueadores, mas, acima de tudo, acreditando no negócio e nos franqueados, existia um apoio e compromisso acima do normal.

"Por isso o apoio da franqueadora foi muito importante para nós. Se não fosse pelo Altino e pelo Expedito, que acreditaram em nós e insistiram, certamente teríamos desistido.

Lembramos de uma ocasião que precisávamos comprar equipamentos e Paulo estava inseguro em realizar a compra, pois se comprássemos e não houvesse demanda de locação, como pagar o equipamento? Esse foi um episódio que o próprio Expedito, pela confiança no negócio e em nós, garantiu: 'Se vocês não conseguirem pagar, nós pagamos'.

Nós que somos franqueados mais antigos, somos muito felizes em ter conhecido os fundadores, em fazermos parte da família, que é a Casa do Construtor. Hoje a rede cresceu muito, quem entra acaba tendo uma cultura diferente, com seus prós e contras, mas continuamos fãs da marca e indicando a franquia, mas precisa ter consciência e clareza que irá trabalhar muito! Recebemos muitas visitas de pessoas que nos vêm pedir referências."

QUANDO A PARCERIA É PARA VALER!

"Ah, nos primeiros cinco anos, trabalhamos direto, não tiramos um período de férias sequer. Ganhamos uma viagem como prêmio de melhor loja, era uma semana no Nordeste, mas na loja éramos eu, Paulo, um atendente que na época era novato e um motorista que também fazia as vezes

de entregador, não tinha como viajar, ainda mais que com minha primeira filha ainda com dois anos de idade e eu grávida de minha segunda filha. Era uma viagem para Porto Seguro, então devolvemos o prêmio, não tinha como viajar, ainda que uma semana de descanso fosse muito preciosa para nós. Para nossa surpresa, a Casa do Construtor disse que sim, que iríamos usufruir do prêmio, e então mandaram uma pessoa para trabalhar na loja, e assim conseguimos aproveitar a viagem!"

LOCAÇÃO É SERVIÇO. SERVIÇO É GENTE

Se pensamos que gerir uma equipe de algumas pessoas, ou mesmo, algumas dezenas de pessoas, é complexo, o que dirá lidar com a gestão de quase duas centenas de funcionários! Pelo respeito e cuidado que Carina e Paulo possuem de forma natural, acabam conseguindo transmitir e receber esse mesmo comportamento de suas equipes.

"Hoje, juntando todas as lojas, temos quase duzentos funcionários, e olha que não é fácil gerir toda essa turma. No Brasil, acredito que não falte trabalho, mas sim pessoas para trabalhar de verdade, claro, não podemos generalizar, mas também é difícil encontrar pessoas realmente dedicadas ao trabalho.

Temos algo em nosso negócio que é incomum nas outras lojas ou mesmo no mercado em geral, nosso primeiro funcionário, de quando abrimos a loja em dois mil e um, se aposentou aqui, com a gente, em dois mil e vinte e um! Ainda trabalham conosco e que foram trazidos por ele o filho e o genro.

Nesse tempo todo, nunca tivemos um processo trabalhista. O que tivemos foi uma tentativa, um caso em que o próprio funcionário, na frente do juiz, acabou trazendo em seu depoimento que estava requerendo algo que não fazia sentido.

Trabalhamos de forma muito correta com nossa equipe, uma das ações que fazemos, e com muito carinho, é a festa anual para os colaboradores, reunimos todos eles e suas famílias em um sítio nosso!

Respeitamos muito as pessoas."

E me desperta a atenção como temos mais um exemplo de franqueados que, durante o período de pandemia, encontraram soluções para continuar e criar demanda. Esse é um aspecto comum em diversas histórias relatadas aqui, o que reforça o poder da garra e perseverança que esses franqueados têm em comum.

"O período de dois mil e vinte e um foi até bom para nós, porque muita gente começou a trabalhar no formato home office e surgiram diversas demandas de reformas residenciais. Durante uma semana, precisamos ficar com a loja fechada, mas, posteriormente a esse período, o segmento da construção civil foi autorizado a trabalhar, aí os desafios que tivemos foram em relação à disponibilidade de peças e equipamentos e preços dos fornecedores, ou seja, os problemas foram de certa forma bons, pois eram ocasionados pela existência de demanda, tivemos aumento de clientes nos procurando."

Uma coisa nessa história chama muita atenção, que é além do dia a dia entre sócios, e ainda mais sendo sócios da família, como é o momento da apuração e divisão de resultados, mas Carina e Paulo garantem que, até hoje, não tiveram problemas com isso, porque é uma situação bem resolvida entre eles. Nas lojas que, em sociedade, os sócios operadores possuem seu pró-labore mensal, e Carina e Paulo não têm uma retirada mensal, somente na apuração anual de resultados. Afinal, o combinado não sai caro, embora eu tenha tido a oportunidade de presenciar um sem-número de relações de sociedades que tenham sido interrompidas, mas concordo plenamente que quando o papel e as expectativas de cada um nessa relação são bem definidas, aumentam muito as chances de sucesso.

Como orientação e aconselhamento para quem está em momento de avaliação sobre ser franqueado ou mesmo para quem já é franqueado, o casal alerta sobre as vantagens do sistema, mas também sobre a necessidade de ser realmente dono do negócio.

"Olha, acho que podemos nos citar de alguma forma como exemplo, pois, quando chegamos do Japão, não tínhamos nenhuma experiência no comércio. Aprendemos tudo com a franquia e isso fez toda a diferença em nossa vida, então, o sistema de franquias é muito bom para quem não possui essa experiência, mas a pessoa precisa ter consciência e estar disposta a seguir as orientações da franqueadora, aliás, mais que isso, a trabalhar muito, pois nada cai do céu.

Em relação à franquia, não há nada que não faríamos de novo. A única que faríamos diferente é abrir mais lojas mais cedo, por outro lado, também foi necessário o cuidado que tivemos. Sociedade é algo muito delicado, mas, graças a Deus, nas lojas que somos sócios nunca tivemos problemas com isso."

Sobre o futuro, Carina e Paulo são muito seguros em afirmar que continuarão crescendo, entendem que esse é o plano da franqueadora e que existe espaço para mais lojas, sem subestimar o potencial de cidades menores.

"Continuamos com plano de crescimento, afinal, se nós não abrirmos, alguém abrirá, então queremos continuar expandindo para as cidades vizinhas, pois, mesmo sendo cidades menores, são cidades com potencial de negócios."

SENDO COLOCADOS À PROVA (MAIS UMA VEZ)

É natural que quem não esteja no dia a dia dos processos, rotinas e características do sistema de franquias tenha dúvidas sobre seu funcionamento e por vezes até ache que seja algo que o franqueado poderia desenvolver sozinho, um exemplo curioso aconteceu com Carina e Paulo.

"Ah, em uma ocasião que abrimos uma das lojas, nosso contador nos questionou: 'Por que vocês não saem da franquia? Vocês já têm tantas lojas, já têm experiência, já sabem como trabalhar. Olhem quanto pagam de royalties!'

Mas nós aprendemos com a franquia, tudo o que temos hoje vem de nosso trabalho junto com a franqueadora, está tudo dando certo, como agora eu daria as costas? Continuamos caminhando juntos, pois não acreditamos que faça sentido nos desvincularmos da franquia, pois existe uma relação de troca."

Esse episódio lembra o que Greg Nathan, consultor australiano que já foi franqueado, franqueador e atualmente é presidente do Franchise Relationships Institute, além de autor de livros sobre o tema, traz no que definiu como estágios de maturidade na relação do franqueado e franqueador:

Estágio 1: Glee (satisfação)

Estágio em que o franqueado está em lua de mel com seu franqueador. Tem ansiedade e preocupação em relação ao futuro, mas confia no franqueador de forma plena.

Estágio 2: Fee (taxas)

O franqueado começa a se tornar sensível e preocupado com o valor da taxa a ser paga ao franqueador ou com os custos dos serviços ou produtos recebidos.

Estágio 3: Me (eu)

O franqueado conclui que seu sucesso é devido principalmente ao seu próprio esforço e despreza a contribuição do franqueador. Ou se ele está com dificuldades, despreza suas próprias deficiências.

Estágio 4: Free (autonomia)

Fase caracterizada pela necessidade de o franqueado demonstrar sua competência e afirmar a sua independência, testando os limites do sistema de franquias.

Estágio 5: See (entendimento)

Por meio de discussões francas e abertas, franqueado e franqueador melhor compreendem e respeitam os pontos de vista uns aos outros.

Estágio 6: We (nós)

O franqueado reconhece o sucesso e a satisfação com mais facilidade ao trabalhar com e não contra seu franqueador. É uma relação de interdependência.

De forma ilustrada, os estágios anteriores são demonstrados no gráfico a seguir:

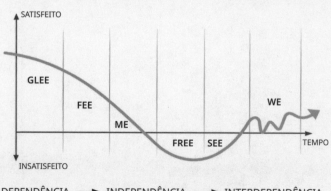

Considerando a história, sinergia e conexão existentes com a Casa do Construtor, podemos entender com facilidade que, além de permanecerem após todos esses anos ainda no estágio 1, compreendem os estágios 5 e 6 com naturalidade, sem precisar ter passado pelos outros momentos.

Em um sistema de franquias, a franqueadora tem como funções, e que ao mesmo tempo é o que torna interessante optar por esse modelo de negócios, a força de marca, o desenvolvimento do negócio, análise do mercado de forma macro, processo contínuo de melhoria, ganho de escala para o franqueado, suporte em gestão e operação e outras que são justamente o que faz do *franchising* um modelo tão sólido e seguro, claro, que considerando que o franqueado também desenvolva sua parte da melhor forma, que é a ótima gestão no ponto de venda.

Carina e Paulo encontraram um complemento de sua família.

"100% da nossa família está na Casa do Construtor, irmãos, primos, todo mundo! Nosso carinho e respeito pela marca e pelos fundadores é muito grande. Os filhos deles, que atuam na franqueadora e são franqueados, conhecemos quando ainda eram praticamente crianças. É uma família de pessoas simples e humildes, dotadas de muita garra e perseverança, não nos enxergamos fazendo outra coisa."

"ENTUSIASMO É COMUM. JÁ TENACIDADE, NÃO."
(ANGELA DUCKWORTH)

SOBRE A CASA DO CONSTRUTOR

- **Segmento:** casa e construção
- **Número de unidades:** 543

Uma trajetória escrita com ética, com responsabilidade social, contaminada pela paixão ao trabalho, devotada à sustentabilidade, à inovação, às melhores práticas de gestão, manifestada na excelência do atendimento ao cliente, no respeito humano.

História que, desde sua origem, inspirou-se na amizade entre dois universitários, os engenheiros civis Altino Cristofoletti Junior e Expedito Eloel Arena. Partiu deles a iniciativa de materializar esse projeto.

No início, em 1993, uma modesta loja de materiais de construção fundada em Rio Claro, região de Campinas, no interior paulista.

Depois, nos três anos seguintes, desenvolveu-se o roteiro para a criação da primeira franquia brasileira especializada na locação de máquinas e equipamentos de pequeno porte para a construção civil.

A Unidade Piloto da Rede surgiu em 1998, já com o registro da marca Casa do Construtor no INPI – Instituto Nacional de Propriedade Industrial. Naquele mesmo ano, era inaugurada a primeira loja da franquia, em Americana.

Consolidada, hoje, em todas as regiões do Brasil, num contínuo movimento de expansão pelo território nacional, é uma das marcas mais laureadas dos últimos anos.

- **Site:** https://www.casadoconstrutor.com.br/
- **Fonte:** https://www.portaldofranchising.com.br/

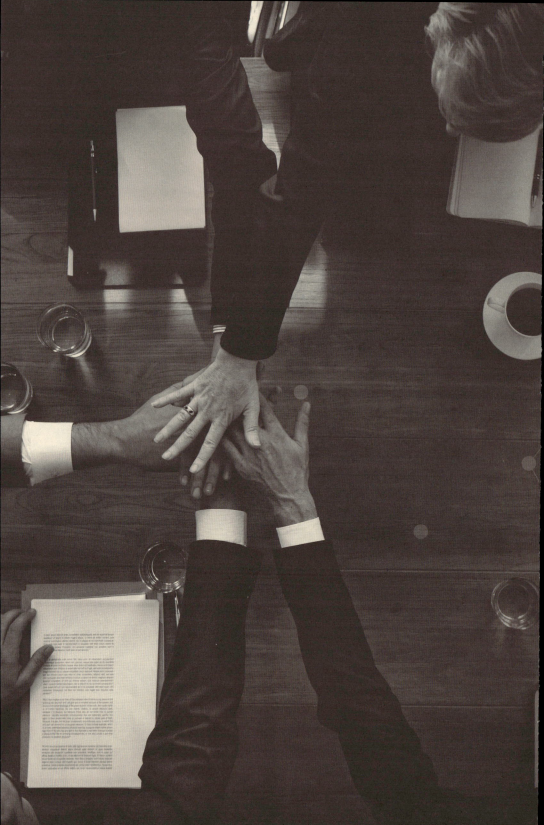

6

DIAS DE LUTA, DIAS DE GLÓRIA...

Maior franqueado em número de lojas e em faturamento de sua rede, Edu Montejano carrega valores do chão de loja que o levaram a ser um empreendedor de sucesso. Atualmente dividindo seus dias entre Santos, Guarulhos, São Paulo, e com uma equipe de quase 200 pessoas que fazem acontecer suas vinte e cinco lojas, Edu se orgulha de sua trajetória e tem motivos para isso, mas até chegar ao patamar atual, teve que passar por muito aprendizado e contrariar o que seria o caminho natural das coisas.

ESCOLHA DO CAMINHO

Edu conta que seus pais se casaram muito jovens, com dezesseis e dezessete anos de idade. Sua mãe, que é um grande orgulho na vida de Edu, dona Lourdes Montejano, e o pai tiveram uma vida complexa. Edu cresceu na zona Sul de São Paulo, no bairro do Ipiranga, vendo seu pai preso durante dez anos por envolvimento com tráfico de drogas, e quando saiu, acabou retornando ao caminho do crime e foi assassinado dentro da própria casa. Esse cenário, que em boa parte das vezes é utilizado como justificativa para que o mesmo caminho seja seguido, no caso de Edu foi o oposto. Ele entendeu exatamente que precisava receber essa situação tão difícil como exemplo do caminho a não ser trilhado.

> *"Durante muito tempo, eu tinha vergonha e medo de tocar nesse assunto. Vergonha pelas circunstâncias e medo pelos rótulos que eu poderia receber principalmente quando ia procurar trabalho, mas depois, como o passar do tempo, entendi que aquilo fazia parte da minha vida e que de uma forma que não desejamos para ninguém, é o que eu tinha recebido para impulsionar minha vida de um jeito que fosse diferente daquilo, que eu seguisse um caminho correto. Essa situação inclusive contribuiu para que eu nunca me envolvesse com drogas na vida. Graças a Deus minha mãe sempre foi uma guerreira e me ajudou muito."*

Edu desde muito jovem queria trabalhar, ter suas coisas. Dentro do possível, dona Lourdes não deixava faltar nada para o filho, mas naturalmente havia limitações de recursos financeiros. Ficava brava quando Edu, lá nas ruas próximo de onde morava, ia olhar carros para fazer algum dinheiro, talvez até por receio da exposição na rua, mas o que Edu queria mesmo era começar a conquistar seu mundo e, aos dezesseis anos, conseguiu seu primeiro trabalho em uma loja do McDonald's.

> *"Comecei no McDonald's. Lá foi meu primeiro emprego e como era uma loja de rua, tinha que fazer de tudo mesmo, inclusive limpar a calçada da loja. Trabalhei lá uns dois anos, mas chega uma hora que a gente quer mais, né? Aprendi muito por lá, aliás, quando eu tiver um filho tenho certeza de que ali seria um lugar que eu faria com que ele iniciasse sua vida e de forma alguma me arrependo de ter passado por esse trabalho, aliás, faria tudo de novo, pois se cheguei aonde estou hoje, acho que se deve a esse início de vida profissional, quando eu tinha dezesseis anos. Queria muito trabalhar para ter minhas coisas, minha mãe nunca deixou faltar nada, mas era uma vida muito modesta, tínhamos o básico para viver."*

O próximo passo de Edu foi em uma rede de moda e vestuário, a C&A, seu papel era ficar ali na entrada dos provadores ajudando os clientes e monitorando a quantidade de peças que eles tinham pegado nos cabides, além de fazer venda de cartões de crédito, chegando inclusive a ganhar prêmios pelo desempenho na venda de cartões de crédito.

> *"Percebi que o negócio de vender era um caminho possível para minha vida e comecei a tentar entrar nas lojas mais badaladas do shopping, pois eram lojas bonitas com gente bonita que trabalhava lá e eu também queria estar nesse meio, mas nunca fui chamado sequer para uma entrevista, aí acabei entrando em uma loja simples, de roupas femininas, no Shopping Plaza Sul, que acabou falindo... Que início de carreira!!!"*

QUANDO APARECEU A PIMENTA!

Como o destino da loja no Shopping Plaza Sul, Edu acabou sendo transferido para outra loja da mesma rede que ficava no Shopping Ibirapuera, e ali, em meados de dois mil e um, viu algo que chamou muito sua atenção: um tapume com uma pimenta como principal elemento da logomarca.

"Cara, era um negócio diferente, que eu nunca tinha visto, e por algum motivo, me fez brilhar os olhos, aquela pimenta uma espécie de fogo no desenho, não sei bem explicar, mas imediatamente levei meu currículo à loja. Como não tinha ninguém, pois estava em obras de implantação, deixei debaixo da porta, e para minha surpresa, fui chamado para uma entrevista, mas aí que está: eu me dava muito mal nisso, era péssimo em entrevistas, e mais uma vez não fui aprovado, aliás, no McDonald's, embora tivesse ganhado vários reconhecimentos quando trabalhei lá, acho que só consegui entrar pela ajuda de um amigo que trabalhava lá, e tudo que era entrevista de emprego eu ficava muito nervoso, as dinâmicas aplicadas eram um terror para mim."

A Chilli Beans inaugurou sua terceira loja da rede no Shopping Ibirapuera, e de tanto Edu passar lá na frente e abordar a supervisora, mesmo depois de ter sido reprovado no processo seletivo, acabaram ficando amigos. Nessa de, mesmo trabalhando na loja de roupas femininas, sempre passar lá na frente da Chilli Beans e se fazer ser lembrado, além de literalmente deixar claro o *"se precisar, estou por aqui"*, ou seja, quem quer vai atrás, o acaso (será mesmo acaso ou perseverança?) deu um presente para Edu:

"Quando inaugurou a Chilli Beans do Shopping Eldorado, faltou um funcionário, e como eu estava sempre falando com a supervisora, a primeira pessoa que ela lembrou foi de mim. Eu trabalhava das dez às dezoito horas no Shopping Ibirapuera, saí correndo de lá e uma hora depois estava no Shopping Eldorado! Acabei entrando no susto, pela insistência. Ah, quando cheguei lá, segui a dica da supervisora, que me disse para eu falar que tinha feito o treinamento. Isso aconteceu em 2001, e adiantando um pouco do que tem mais para frente, hoje a loja do Shopping Ibirapuera é minha. Comprei em dois mil e dezoito, foi algo muito marcante. Quando rolou a oportunidade de comprar, eu não podia deixar passar e hoje conto para todo mundo que foi ali que comecei. No dia que assumi a loja, fui para o banheiro do shopping e só chorava. Fiquei ali durante uma meia hora e só depois consegui voltar.

Foi algo que não consigo explicar bem. Quando vi o tapume da loja pela primeira vez, me apaixonei pela marca. Tenho minha primeira camiseta da Chilli Beans até hoje emoldurada em um quadro. Lembro que minha primeira venda foi para um cantor do grupo Dominó, que fazia muito sucesso nos anos oitenta, o Afonso, um dos cantores desse grupo foi meu primeiro cliente".

Uma das características de Edu sempre foi o foco no que se dispunha a fazer, e nesse momento de vida, queria muito dar certo como vendedor na Chilli Beans, ainda que sua mãe não compreendesse bem isso, pois na loja anterior, havia chegado à posição de gerente da loja e saiu de lá para ser vendedor no novo emprego, mas sua vontade e encanto pela marca era maior que o cargo. Os vendedores da rede em geral eram muito jovens, curtiam muitas baladas e em algumas casas noturnas, justamente por serem da Chili Beans, não pagavam para entrar, pois havia promoções junto com a marca, mas o problema disso é que muitos deles passavam dos limites na bebida e às vezes até uso de substâncias que não deviam, e a consequência era muita ausência no trabalho. Um mês e meio depois do início, Edu foi transferido para uma unidade que havia sido aberta no Shopping Santa Cruz, e já como gerente da loja. A apreensão e não entendimento de dona Lourdes estavam resolvidas.

"Hoje muita gente não acredita no meu começo de vida, acham que já comecei por cima. Por exemplo, quando mostro minha foto do McDonalds de destaque do mês quando eu tinha lá meus dezesseis, dezessete anos, eles ficam admirados. A molecada não bota muita fé. Cheguei a fazer palestras e treinamentos sobre minha trajetória para levar inspiração para essa turma.

Os jovens de hoje em dia querem as coisas muito rápido e não é bem assim, precisa trabalhar, precisa entregar resultado, desempenho. Gosto muito de valorizar o esforço das pessoas, em minha visão, prefiro uma pessoa mediana e esforçada do que uma pessoa talentosa, mas preguiçosa. Tem que ter garra! Eu mesmo, acho que não era o mais talentoso quando era vendedor, mas não tenho dúvida que era o mais esforçado."

Pela experiência que adquiriu e desempenho que tinha enquanto estava no Santa Cruz, durante esse tempo Edu acabou sendo procurado por outros franqueados e gerentes de outras unidades da rede para orientações e treinamentos, e um ano depois foi convidado para trabalhar na sede da franqueadora. Foi o primeiro consultor de campo da Chilli Beans e o "trabalhar na sede da franqueadora" é meramente ilustrativo, pois a vida de Edu passou a ser viajar pelo Brasil ajudando franqueados desde a aprovação do ponto até a inauguração de lojas, e mesmo depois na operação da unidade. Nesse momento, a rede já possuía 40 lojas e todas muito dispersas geograficamente, Edu chegava a ficar dois meses fora de casa e conta que chegou a perder uma namorada por conta de tanto que ficava em viagem. Essa atividade foi trazendo cada vez mais experiência para Edu e aproximação com o fundador da marca, Caito Maia.

> *"Na época, em cada inauguração, Caito estava presente, ele visitava todas as lojas no primeiro dia de operação, isso criou um vínculo de proximidade e amizade entre nós. Tenho uma admiração enorme por ele. É uma pessoa diferenciada, está sempre pensando lá na frente. Quando ele tinha trinta anos de idade, época em que o conheci, já tinha na cabeça o futuro da Chilli Beans. Caito revolucionou a forma de vender óculos. Lembra como era? Aquele balcão fechado com uma atendente de roupa branca atrás, uma barreira para o cliente ter acesso ao produto, a experimentação da armação e a experiência do cliente eram péssimas. Agora você vai lá, pega os óculos e experimenta. A marca se tornou tão forte que tem vários franqueados e vendedores que têm a logomarca tatuada no corpo!"*

TOCANTINS, AÍ VOU EU!

Edu sempre foi inquicto, se por um lado era focado no que fazia, por outro, ao mesmo tempo, já ficava martelando o próximo passo, foi quando, após conhecer Babi, que trabalhava em uma unidade da marca em Belo Horizonte, e começarem a namorar, a veia do empreendedorismo começou a pulsar.

> *"Puxa, eu ajudava um monte de gente, tinha certeza de que quando tivesse meu negócio eu ia arrebentar e não queria outra marca, queria ser franqueado Chilli Beans. E quando tomei a decisão, peguei um período de férias, fui para Palmas, em Tocantins, a única capital que ainda não tinha uma unidade da marca e também onde eu conseguiria mon-*

tar um quiosque e poder sobreviver com o dinheiro que tinha guardado, que era curto.

Quando fui conversar com Caito, recebi um balde de água fria, pois tinha certeza de que seria incentivado, mas ele ficou muito bravo comigo: 'Como assim, Edu, você vai me deixar para ir para o Tocantins?! Você está louco? Não, não vai. Não vai mesmo!'

Fiquei meio sem rumo, estava em um momento de vida que eu queria me casar com a Babi, abrir minha loja e, pior, mesmo antes de falar com Caito, eu já tinha alugado casa, fechado contrato com o shopping em Palmas, aberto empresa, estava tudo encaminhado. Isso era abril de dois mil e sete. A conversa com Caito terminou com ele dizendo que depois conversava comigo, mas sem prazo para esse depois, e eu apreensivo, pois estava tudo assinado lá em Palmas."

O fundador da Chilli Beans foi levando, empurrando e tocando Edu. Tinha pedido para ele segurar pelo menos até junho, pois tinha um grande evento para fazer na temporada de inverno de Campos do Jordão, e pela confiança que existia, não queria que outra pessoa fizesse aquela operação. Um admirava, respeitava e confiava no outro. Eis que, durante a temporada, Caito chamou Edu para conversar. Estava em Campinas em um sítio que tinha e lá foi Edu, certo de que agora iria para Palmas. Ledo engano.

"Quando cheguei lá, Caito me falou que as lojas de Santos não estavam indo bem. Eram duas lojas em shoppings na cidade e o franqueado estava devendo algo em torno de trinta e cinco mil reais para cada shopping. Caito me propôs pegar o dinheiro que eu tinha e, em vez de ir para Tocantins, pagar os shoppings e assumir as duas lojas para mim. Só tinha uma coisa nessa história: eu só tinha vinte e cinco mil. Não dava nem para pensar em fazer esse negócio, aliás, aproveitei para falar para Caito que no plano de Tocantins, inclusive, ia pedir para ele liberar a taxa de franquia, pois não teria dinheiro para pagar. Não adiantava, não tinha como fazer, o máximo que eu conseguiria era ir para Tocantins."

Alguns segundos de silêncio, um olhou para o outro. Um queria ajudar o outro, mas com caminhos diferentes. A surpresa veio com o que Edu ouviu de Caito naquela reunião: *"Edu, qual o número de sua conta?".*

Caito depositou oitenta mil reais na conta de Edu, com o acordo de organizar as lojas, pagar os shoppings e começar a pagar depois de três meses, com a condição de esquecer o negócio de Tocantins.

"Em agosto de dois mil e sete assumi as lojas. Juntei os oitenta mil com os vinte que eu tinha, paguei os shoppings e fiquei com mais ou menos trinta mil para me virar com aluguel da casa em Santos, estoque das lojas, capital de giro e para não deixar atrasar o aluguel dos shoppings novamente.

Vendi tudo que tinha em São Paulo, tudo mesmo: meu carro, guarda-roupas, minha cama e fui para Santos com minha sócia, que foi também minha esposa, e embora tenhamos nos separado tempos depois, ela é minha sócia até hoje.

Tinha uma meta clara na minha cabeça: até dezembro tinha que fazer as lojas estourarem de vender! Vender, vender, vender e fazer caixa, pois em janeiro tinha que começar a devolver o dinheiro que tinha recebido de Caito."

Foram três anos até o empréstimo ser liquidado, e como era de se esperar, os primeiros meses, além de muito trabalho, exigiram que Edu e sua sócia tivessem o mínimo de despesas. Edu e a sócia não tinham gerentes nas lojas, eles mesmos abriam e fechavam todos os dias. Edu ia trabalhar de bicicleta, e também era a forma de ir para algumas festas que conseguia quando tinha algum fôlego de tempo e dinheiro.

"Só depois de alguns meses, até pela necessidade do negócio, pois eu precisava transportar mercadorias, financiei um carro em trinta e seis meses. Comprei um Ford Ka usado. Eu parava o carro longe da porta das baladas. Tinha vergonha de encostar com o carro que eu tinha. Algum tempo depois, minha sócia ficou com o carro e comprei uma scooter, uma motocicleta dessas pequenas. Foram três anos praticamente somente pagando contas, mas o negócio em si estava dando resultado. Eu conseguia pagar o shopping, pagava os custos de operação, o giro da mercadoria e estava conseguindo tocar a vida sem ficar com saldo negativo."

Passado um ano, já em dois mil e oito, Edu resolveu abrir um segundo ponto de venda no Shopping Praiamar, mesmo já havendo uma loja no shopping. As duas lojas iniciais estavam num ritmo de crescimento entre cento e cinquenta a duzentos por cento em relação ao ano anterior, mas, claro, as custas de muito trabalho.

"As pessoas às vezes acham que, porque você compra uma franquia, não precisa trabalhar. Claro que isso é um erro, um grande engano, pois precisa trabalhar e muito! Sim, a franquia traz um negócio testado e te dá apoio em várias frentes, mas tem que se dedicar se quiser ter resultado."

REVESES TAMBÉM TRAZEM LIÇÕES

No mesmo ano, apareceu uma nova oportunidade para Edu Montejano, talvez o que seria o primeiro passo mais audacioso em seu processo de expansão, pois essa oportunidade trouxe mais duas lojas para o que agora já era um grupo de operações. Essas lojas eram do mesmo dono das duas primeiras que Edu adquiriu a pedido de Caito, também estavam com resultados muito ruins, mas dessa vez, antes de acumular dívidas, o dono resolveu vender e Edu aproveitou a chance para crescer. Pela curiosidade de quem estiver acompanhando essa história, essas unidades foram compradas pelo pai para que a filha tocasse o negócio. O interesse e dedicação da filha eram diferentes da expectativa do pai, e seria muito difícil que as lojas obtivessem os resultados que tinham potencial para oferecer. Edu não parou por aí!

"De dois mil e nove para dois mil e dez, tive um momento de aprendizado a duras penas. Eu me empolguei, achei que era o monstro do empreendedorismo! Montei as operações de Riviera de São Lourenço, Maresias e no Casa Grande Hotel, no Guarujá. Fiz uma projeção de vendas bastante otimista e aqui aproveito para deixar uma dica: faça suas projeções de venda sempre de forma conservadora, com o pé no chão.

Aprendi a lição. Hoje claro que projeto um aumento de vendas quando planejo o ano seguinte, mas especialmente para o fluxo de caixa me planejo como se o crescimento fosse zero.

Nesse momento de dois mil e nove para dois mil e dez, me dei muito mal, não alcancei nem quarenta por cento do que planejei para as vendas. Tive que tirar dinheiro de uma loja e colocar na outra. Fiquei sem recursos para pagar as mercadorias, precisei negociar com a franqueadora, pois além de juros altos, na condição que eu estava eu não conseguiria crédito em banco. Fui na raça, tive que aprender e pedir ajuda profissional, uma pessoa especializada em finanças. Não cheguei a completar meu curso superior, na época o dinheiro não dava para fazer isso, aliás, o pouco que cursei tive que pagar muito depois, pois virou uma dívida acumulada, mas fiz muitos cursos, fui atrás de não repetir aquele erro no futuro."

Felizmente, a situação se acertou e se equilibrou sem que nenhuma loja precisasse ser fechada. Um pouco mais adiante, em agosto de dois mil e quinze, surge outro grande desafio. Caito, com a confiança que sempre dispensou a Edu, o chamou para uma reunião e falou que queria abrir uma operação no Aeroporto de Guarulhos, mas, claro, queria que Edu fosse o franqueado.

"Para mim não fazia sentido, eu estava lá no litoral, minha base era lá e tudo estava caminhando bem, não queria essa confusão, mas Caito insistiu, minha sócia também concordava com ele e insistiu junto. Ele disse que confiava em mim, que eu era a pessoa para essa operação e lá vou eu novamente! Quando olhei os custos de operação, falei que a conta não iria fechar, mas aí entramos em um acordo onde a tabela de custos dos produtos para o aeroporto seria uma tabela especial, com custos de mercadoria com desconto. Era a única forma de fechar a conta. Resultado: estourei de vender! Hoje tenho seis pontos de venda no aeroporto e presença nos três terminais, todos abertos em um intervalo de um ano e meio a partir do primeiro e somadas as operações no litoral."

Foi necessário que houvesse aprendizado e evolução em gestão de pessoas mais ainda do que eu já tinha, pois acabei estabelecendo uma outra base. Os dias de Edu eram divididos entre o litoral e Guarulhos. A franqueadora ajuda e apoia bem nessa frente, pois existe uma estrutura dedicada a treinamento de colaboradores. Todos os vendedores passam por um treinamento na Universidade da Pimenta, a universidade corporativa da Chilli Beans. Ficam lá uma semana antes de irem para o ponto de venda, depois são direcionados ao supervisor da loja e fazem uma visita ao escritório de Edu, no litoral, uma espécie de imersão para conhecerem o escritório, a trajetória, a história de Edu. São jovens que normalmente estão em uma faixa de dezesseis a vinte anos de idade, e essa trilha gera para eles uma perspectiva de futuro. Edu tem um escritório moderno, descolado, com um balanço no meio da sala. Isso faz que o franqueado vá além do treinamento oferecido pela franqueadora e faz muita diferença nos resultados. Quando um vendedor deixa uma das lojas do grupo Montejano, ele acaba sendo disputado por outras lojas do varejo em geral. Na gestão de suas bases, Edu precisou desenvolver lideranças.

> *"Tenho lá em Guarulhos uma supervisora que começou comigo como vendedora e é meu braço direito nessas operações. Começou como vendedora, foi gerente de loja, ganhou prêmio de melhor gerente do Brasil em uma convenção da Chilli Beans, e tenho outro supervisor excepcional que me ajuda no litoral. Precisa ter pessoas que você confia e saber efetivamente confiar nelas. Atualmente tenho uma estrutura de quase duzentas pessoas.*
>
> *A marca cresceu, também cresci muito. Precisei agregar pessoas estratégicas ao negócio, pois vi que não daria mais conta de cuidar de tudo. Chegou um momento que conversei com minha sócia, porque a partir dali não tínhamos qualificação e competência para continuar sem uma pessoa nesse nível, que nos ajudasse. Trouxe um cara que está comigo até hoje, aquele tipo nerd que trabalhava em um grande banco, mas não estava feliz. Trouxe ele para trabalhar comigo e cá está até hoje. Era jovem, na época tinha vinte e seis anos e atualmente tem um por cento da operação como um todo, pela importância e competência que tem no negócio. Cuida de todo o nosso financeiro."*

A organização do grupo Montejano tem então uma pessoa no administrativo/financeiro, tem a sócia de Edu, que cuida de toda a operação logística e o abastecimento das lojas, e de toda a operação comercial o próprio Edu fica à frente. Atualmente, seus dias são entre Guarulhos, litoral e, em função do que veremos ainda adiante, alguns shoppings da capital paulista. Edu não perde a essência do chão de loja, gosta de conversar com os vendedores, com sua origem.

> *"Um aprendizado importante, que tive quando era consultor de campo, era o quanto o negócio ia mal quando a franquia era um presente do pai. Não havia esforço, não se enxergava valor naquilo. Sempre tive consciência do que fazer se um dia eu fosse franqueado e sempre tive meus sonhos. Quando era vendedor, eu queria ser gerente, quando me tornei*

consultor, meu próximo horizonte era ter minha franquia. Valorizo muito minhas conquistas!

Quando ganhei meu primeiro salário, comprei uma calça de grife da marca Triton, queria muito essa calça. Tenho ela guardada até hoje, nunca consegui me desfazer dela. É importante para mim, foi minha primeira conquista pessoal, fruto de meu trabalho. Guardo também meu primeiro boné e meus bottons de reconhecimento do McDonalds. Preservo e me orgulho de onde vim.

Quando acho que estou fora do chão, com o risco de perder referência, pego o carro e vou para São Paulo, vou lá à rua que eu morava com minha mãe, paro e olho de onde vim e falo para mim mesmo: 'Você veio daqui, não se esqueça'. É um lance meio louco, mas é importante. Passo também lá pela rua onde tomava conta de carros para ter um dinheiro no final de semana."

PÂNICO

Ao final de dois mil e dezoito, Edu passou por sua mais recente prova de fogo, talvez a pimenta mais agressiva no que diz respeito ao crescimento, desde o início de tudo. Mais uma vez, o fundador da marca colocou um desafio na mesa. Existiam quatro operações próprias (só que mais que quatro lojas) em São Paulo que Caito não conseguia olhar com o cuidado que devia, e adivinhe só quem ele chamaria para assumir essas lojas? Sim, o próprio: Edu Montejano!

"Lá vai eu comprar mais quatro lojas! Eram as operações do Shopping Ibirapuera, Morumbi Shopping, Shopping Villa-Lobos e a loja de rua da João Cachoeira no bairro do Itaim Bibi. Depois disso, ainda abri o segundo ponto de venda no Shopping Ibirapuera.

A conversa aconteceu em dois mil e dezoito, mas as lojas foram assumidas somente em setembro de dois mil e dezenove. No começo, estava tudo certo, mas com a proximidade de efetivamente assumir as lojas, fui ficando apreensivo e ansioso. A tensão aumentava a cada dia e quando estava bem perto de pegar as lojas, levei uma porrada da vida. Descobri o que era a crise de pânico. Comecei a achar que não daria conta, minha cabeça não parava e eu não conseguia mais dormir direito, mas ainda não sabia que aquilo era crise de pânico. Cheguei ao ponto de não conseguir sair de casa.

EMPREENDEDORES DE CORAÇÃO: HISTÓRIAS DE SUPERAÇÃO E PERSEVERANÇA DE FRANQUEADOS DE SUCESSO

Fui em tudo que era lugar, pois pensava que era algo de origem espiritual, até que minha sócia me levou a um psiquiatra que diagnosticou de forma correta o que eu tinha. Fiz o tratamento durante dois anos e consegui me estabilizar. Depois disso, aos poucos fui conseguindo suspender os remédios."

No início de dois mil e vinte, veio a pandemia, e como todos os empresários e principalmente os varejistas, foi necessário que Edu lidasse com isso, mas claro que não foi fácil.

"Até consegui negociar aluguéis, mas praticamente todas as minhas lojas eram em shoppings e aeroportos e os condomínios não foram suspensos. Ficamos fechados de dezessete de março até junho daquele ano, e ainda assim, quando houve autorização para abrir, foi somente com quatro horas de funcionamento. No aeroporto, não consegui nada! Tive que pagar o aluguel integral e todas as taxas. Durante três meses no aeroporto, não entrou um real sequer, mas banquei, mantive as lojas lá porque não poderia perder os pontos. Uma das lojas do aeroporto de Guarulhos é a loja da Chilli Beans com maior faturamento no Brasil!

Tive amigos que tiveram que virar motoristas de aplicativo para se manterem.

A pandemia aconteceu seis meses depois que assumi as lojas de São Paulo. Tinha colocado minhas reservas nessas novas operações. Tive que recorrer a tudo que tinha na mão, de apoio disponibilizado pelo governo até o apoio da franqueadora. Mais três meses de restrições e não sei o que faria.

Somente em janeiro de dois mil e vinte e dois começamos a ter recuperação das vendas e só em março de dois mil e vinte e dois que consegui superar as vendas de dois mil e dezenove."

Um conselho que Montejano deixa para quem pretende empreender por meio da franquia é que não pense somente no dinheiro, aliás, esse deva talvez ser o último aspecto a ser considerado.

"Antes do dinheiro, compre a ideia do dono da marca, converse com os melhores franqueados, compreenda os valores da empresa e só depois examine o DRE, mas não deixe de examinar."

119

Quando perguntei para Edu sobre o que ainda sonha, que não conseguiu até agora, ele diz que tem muito mais o que agradecer do que o que pedir. Lembra de ter sua mãe como um de seus pilares de vida, o exemplo de seu esforço e perseverança. Falou de seu ritual de todo final de ano, rezar e agradecer com muita intensidade, que sim, ainda há muito o que conquistar, mas também muito o que celebrar pelas conquistas já alcançadas, e lembra o que foi sua alegria quando comprou o primeiro apartamento, e quando seus funcionários também alcançam seus objetivos pessoais.

"Fico muito feliz, literalmente choro de alegria quando um funcionário manda uma foto de uma conquista dele, uma foto de uma TV que comprou, um carro, uma casa. Isso me motiva muito! Sinto a alegria deles como se fosse minha!!"

Edu nos últimos anos foi convidado para ser sócio de dois bares em Santos e aceitou. Algo diferente que, ao final das contas, como não é operador, é sócio investidor com uma participação menor nesse negócio, mesmo trabalhando, o ajuda a espairecer um pouco e até oxigenar a cabeça, mas tem consciência de que sua essência está na Chilli Beans, que tem mais habilidade para, se necessário, fazer mais dez lojas do que desenvolver um bar, por isso não pretende expandir na atividade dos bares, já na Chilli Beans, quem sabe, ainda, onde isso vai parar?

"QUANDO VOCÊ SOFRE REVESES E FRACASSA, NÃO PODE TER UMA REAÇÃO INTEMPESTIVA. PRECISA PARAR, ANALISAR AS FALHAS E APRENDER COM ELAS. MAS PRECISA TAMBÉM MANTER O OTIMISMO."
(ANGELA DUCKWORTH - GARRA: O PODER DA PAIXÃO E PERSEVERANÇA)

SOBRE A CHILLI BEANS

- **Segmento:** moda
- **Número de unidades:** 1.071

A Chilli Beans iniciou suas atividades no final dos anos 1990, sob o comando do empresário Caito Maia. Quase 17 anos depois, e hoje consolidada como a maior rede especializada em óculos escuros e acessórios da América Latina, a empresa tem mais de 600 pontos de venda, incluindo Brasil, Portugal, Estados Unidos, Colômbia, Kuwait, Peru, Abu Dhabi e México.

Além das lojas e quiosques tradicionais, a marca já conta com várias *flagships*. Em São Paulo, a loja conceito fica na luxuosa Oscar Freire, e nos EUA, uma delas fica na Promenade, calçadão que concentra as marcas mais descoladas.

Tendo o *fast fashion* como plataforma de negócios, lança semanalmente dez modelos de óculos de sol, cinco de relógios e três de armações de grau. A empresa foi pioneira no conceito de ótica *self-service*, que permite ao cliente manusear e experimentar os produtos, e também a primeira marca do segmento a inaugurar uma máquina de customização, que permite que o cliente fabrique seus próprios óculos.

- **Site:** https://loja.chillibeans.com.br/
- **Fonte:** https://www.portaldofranchising.com.br/

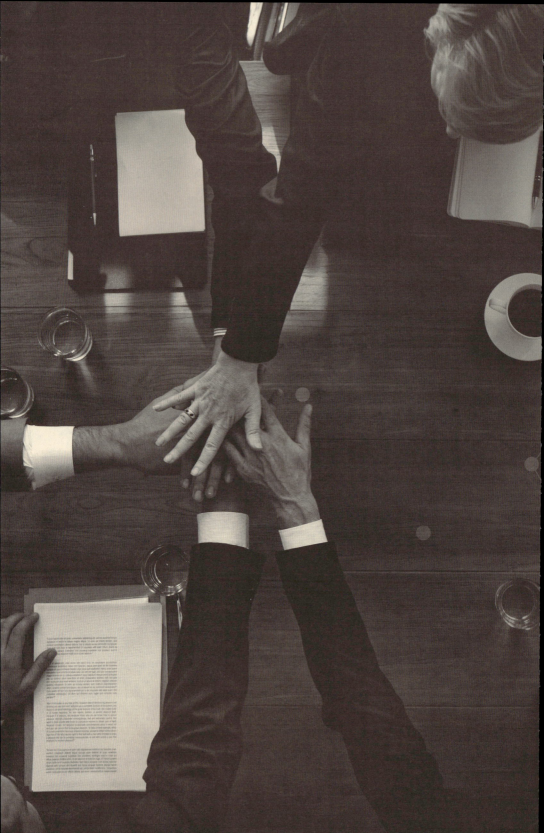

7

ÀS VEZES É NECESSÁRIO MUDAR A DIREÇÃO PARA CHEGAR AO OBJETIVO

Leandra é um exemplo de empreendedorismo que inspira por sua inquietude, contínua busca por evolução e melhoria e um olhar muito especial para pessoas. Com uma formação invejável (graduada em publicidade e propaganda, pós-graduada em marketing, especializada em gestão de varejo, MBA em Gestão Empresarial e no momento deste papo com um MBA em Gestão de Negócios em andamento pela Fundação Dom Cabral), além de ter cursado todos os treinamentos oferecidos pela 5àsec, rede de franquias que tem o privilégio de ter uma pessoa como Leandra em seu grupo de parceiros franqueados.

DONA VERA E A FAMÍLIA: A BASE FORTE

Vinda de uma família estável e com bom direcionamento educacional, aos dezesseis anos a vida realiza um chamado a Leandra, que a desperta e faz florescer a semente do trabalho e empreendedorismo. Ali surge uma grande mulher!

"Minha vida profissional teve início ainda na minha adolescência. Tive uma infância incrível, rodeada de afeto e amor em uma família que sempre me apoiou. Do primeiro casamento de minha mãe, nascemos eu e minha irmã Gabi, que é médica. Após quinze anos dessa primeira união, minha mãe se separou e, algum tempo depois, casou-se com meu padrasto, hoje falecido. Desse novo encontro, veio minha irmã caçula, Vitória, que assumiu a representação comercial que eu tocava antes de mudar de segmento.

Minha base familiar é muito forte, sempre estamos juntos, muito próximos. Minha mãe sempre foi muito presente e nos deu muita força e segurança para seguirmos nossos sonhos. Meu pai sempre foi muito trabalhador. Desde cedo, quando passava férias com ele, observava sua dedicação ao trabalho, um valor que talvez eu carregue de forma inconsciente. Agradeço e honro muito meus pais.

Em nossa família, há uma relação agregadora e, até meus dezesseis anos de idade, tínhamos uma vida muito tranquila. Mas aquele foi um ano diferente. Tanto meu pai, quanto minha mãe e meu padrasto tiveram dificuldades financeiras e, de uma vida estável e confortável, passamos a uma realidade em que muitos ajustes foram necessários. Foi um ano bem difícil, mas do qual me lembro com muita gratidão. Sinto que ali comecei a conhecer minhas habilidades e acreditar na minha capacidade de realizar. Percebi que podia somar com eles e também tomar as rédeas da situação, com isso resolvi participar daquele momento de forma contribuitiva. Tinha que começar a trabalhar imediatamente!

Corri para escrever o meu currículo e, obviamente, não tinha nenhuma experiência para incluir. Determinada, saí à procura de um emprego e consegui um trabalho temporário como vendedora em uma loja de roupas (uma unidade franqueada) no período do Natal. Era para ser apenas um mês. Mas, nesse curto período, consegui bater sozinha a meta de vendas da loja. E acabei ficando mais tempo. Essa primeira conquista me animou muito e, depois desse momento, peguei gosto pelas vendas!"

Mesmo que ainda jovem e sem nenhuma experiência, a postura, o despertar de Leandra em fazer algo, em vez de ser uma adolescente que passaria a reclamar da situação, iria ali fazer diferença em toda sua vida. Ou vai à luta ou fica lamentando e reclamando. Além do que já conheceram de Leandra até aqui, vamos perceber de forma muito clara qual foi a escolha feita. Também perceberemos o quanto uma base familiar coesa e formada por valores contribui para o futuro de uma pessoa.

"Após o trabalho na loja, fui aprovada no curso de publicidade e propaganda e, em pouco tempo, consegui um estágio em minha área. Esse primeiro trabalho me permitia pagar a faculdade e outros custos. Logo fui efetivada, com um salário melhor e o apoio da minha gestora. Para mim, foi uma grande vitória.

Após as experiências nas agências, entrei no ramo farmacêutico para trabalhar como propagandista. Era uma atividade que exigia muita habilidade, foco e argumentos assertivos na abordagem com os médicos. Aliás, a entrada nessa empresa tem uma história curiosa. Soube da vaga por meio de um anún-

cio no mural da faculdade. Embora não estivesse escrito que era uma vaga exclusiva para homens, o texto estava bem direcionado nesse sentido. Tratava-se de um trabalho para o lançamento e a divulgação de um novo medicamento. Eu queria disputar aquela oportunidade, então comecei a estudar tudo sobre a empresa, a formulação do medicamento, posologia e, inclusive, fui ao pronto-socorro algumas vezes para conversar com médicos! Sentia que era importante saber mais do que o óbvio para me destacar. Assim, para entender do remédio, aprendi com uma médica como ele agia no organismo, assisti a vídeos, estudei fotos etc. Eu não apenas estava muito preparada, como me sentia muito segura para responder a qualquer questionamento.

No dia da seleção para a vaga, ao descer do ônibus no local, havia uma enorme fila, somente de homens. Fui segura e entrei na fila. Quando chegou minha vez, fui recebida pelo gerente e disse a ele que a vaga seria minha. Então, ele me deu um material, uma espécie de cartaz para fazer a apresentação, e eu discorri tudo o que sabia sobre a empresa, seus projetos, a lista de produtos, os lançamentos recentes, a ação do medicamento que teria que divulgar... Ele ficou me olhando surpreso com tudo que estava ouvindo. No final, a vaga foi minha!

Segui algum tempo nessa empresa e cheguei a ser convidada para assumir uma gerência em outro Estado, mas recusei. Entendi que aquele não era o momento para uma mudança dessa dimensão. É difícil dizer não para oportunidades assim, mas é importante avaliar com calma quando se tem a liberdade de escolher."

Se por um lado a preparação, o treino, a visão do que é necessário para se alcançar um objetivo podem parecer um tanto óbvios, tenho a percepção que é um comportamento que tem se tornado cada vez mais raro, tem se cultivado cada vez menos, especialmente nas fases de educação, formação e desenvolvimento do indivíduo. A tendência é que as gerações evoluam e tenham formas mais fáceis de realizar as coisas e que os pais tenham a tentação em facilitar a vida dos filhos, isso é natural, no entanto, a cada vez que os exercícios da tentativa, do erro, do estímulo em fazer de uma forma diferente são descartados, algo maior deixa de acontecer, pois o resultado não se limitará a um evento específico, mas à formação de um determinado tipo de mindset.

GASTANDO SOLA DE SAPATOS E VENDENDO MUITOS, MUITOS PARES DE SAPATOS

"Tempos depois, ainda na faculdade, recebi um convite para ser vendedora no grupo calçadista Vulcabrás/Azaleia, em Belém. Entrei como vendedora da marca Dijean e me tornei sócia na representação comercial com o Alexey. Neste intervalo, fui agregando à representação outras marcas do grupo, como Azaleia, Reebok e Olympikus. Aumentei também o território de atuação, passando a atender, além de todo o Pará, aos Estados do Amapá, Amazonas e Roraima. Cuidava da linha feminina e fazia gestão das equipes de vendas em todos esses Estados. Naquela época, como não havia os recursos de comunicação que temos hoje, tinha que estar em campo mesmo. Minha vida era estrada, barco, muita viagem. Foi muito engrandecedor!

Nesse trabalho, havia outros desafios. Quando assumi as marcas, tinha somente vinte e dois anos e havia pessoas da equipe com o dobro de minha idade e muita experiência. Tive que construir meu espaço e ganhar a confiança do time. Para isso, adotei um tripé no qual acredito muito e sigo até hoje: conhecimento, foco e disciplina. Acredito que os três ajudam muito em qualquer situação."

Ter talento ou possuir algum talento pode contribuir com o sucesso em realização de atividades e projetos, mas somente o talento em si pode ser uma armadilha. Em sua obra *Garra, o poder da paixão e da perseverança*, a psicóloga Angela Duckworth traz uma reflexão importante: *"O foco no talento nos desvia de uma coisa que tem, pelo menos, a mesma importância: o esforço. Por mais que o talento seja valioso, o esforço conta em dobro".* Embora Leandra tenha o talento como uma característica sua, sua perseverança e esforço são no mínimo em medida igual!

UM NOVO HORIZONTE DE TRABALHO E CRESCIMENTO

"Foram quinze anos atuando no segmento de calçados e, depois desse tempo, resolvi estudar franquias. Entendi que uma franquia seria a oportunidade de juntar minha experiência de marcas e gestão com minha vontade de empreender de forma planejada. Aqui entra a 5àsec em minha vida. Sempre gostei, sou muito apaixonada por esse sistema de negócio.

Sem pressa, fui estudar o mercado e, aos poucos, comecei a planejar minha saída da Azaleia. Esse é meu perfil: sou versátil em relação às mudanças, mas faço as coisas de forma planejada, estratégica. Após um ano de pesquisa, optei pelo setor de lavanderia. As pessoas da área me diziam que o mercado já estava consolidado e que seria difícil ter o sucesso que esperava. Mas eu estava decidida a tentar.

Já tinha uma predileção e carinho especial pela marca 5àsec, porém visitei todas as franqueadoras desse segmento no Brasil para consolidar minha pesquisa e tomar a melhor decisão. Li inúmeras COFs (Circulares de Oferta de Franquia), mas, quando fui visitar a 5àsec, tive a certeza de que queria ser franqueada da marca. O processo, porém, não foi tão simples quanto eu imaginava. O posicionamento deles era que naquele momento não havia mais território disponível em Belém para uma nova loja. Claro que não aceitei esse primeiro "não". Sou movida a desafios! Então, pedi uma reunião com o presidente da franqueadora aqui no Brasil. Na reunião, ele reforçou o que eu já tinha ouvido e me ofertou outra cidade. Do meu lado, expliquei que não faria sentido para mim, pois morava em Belém e, se fosse para estar junto do negócio, ser presente e atuante, não podia viver em outro local. Principalmente considerando que essa seria a primeira unidade.

Mas não desisti da minha ideia. Voltei ao escritório da franqueadora outras duas vezes, sempre bem recebida e sempre ouvindo a mesma coisa: 'Que tal outra cidade?'. Na terceira vez que recebi uma resposta negativa, curiosamente saí de lá com a sensação de que, na próxima visita, chegaria ao tão almejado 'sim'. Pois é. Saí de lá já pensando em voltar. O cenário nem era assim tão favorável, mas eu insistia porque sentia que estava perto de conseguir o que eu desejava. No final, se não desse certo, não seria por falta de tentar. Essa frustração eu não carregaria comigo. Os 'nãos', no plural mesmo, eu já tinha. Então, o que viesse seria lucro.

Quando voltei para Belém, tive um estalo: minha estratégia estava errada. Para mudar a resposta que estava recebendo, precisava criar algo diferente, pois nos modelos e formatos existentes, a franqueadora não faria mais uma operação. Avaliei novamente o mercado e resolvi conhecer de perto a operação de uma rede de fast-food com lojas no mundo todo. Observei a operação de forma detalhada, o fluxo de trabalho, tempos, processos... Tinha certeza de que, com alguns ajustes, seria possível aplicar o método da operação de drive-thru nas lavanderias.

Voltei para o escritório, peguei a prancheta e comecei a colocar as ideias no papel: fiz o desenho da lavanderia, o planejamento, o projeto arquitetônico... E juntei tudo em uma apresentação impactante para levar à próxima reunião. Desta vez, estava certa de que tinha o projeto que seria aprovado pela franqueadora. Eu havia pensado nos mínimos detalhes, como, por exemplo, no sensor que avisaria quando entrasse um carro. Medi sete segundos da entrada do carro até a janela principal e chequei que, de qualquer lugar do salão que a colaboradora estivesse, ela chegaria ali nesse tempo. Otimizando, assim, os custos da operação, coloquei esses e outros dados como informação relevante na apresentação, antecipando perguntas que certamente seriam feitas."

Da última realização realizada até o *insight* do *drive-thru*, planejamento, projetos e tudo mais, Leandra investiu seis meses de trabalho. Aí, claro, para que fosse possível a realização desse projeto, era necessário o imóvel, o ponto comercial adequado, mas como tinha que ter uma pitada a mais de emoção, o dono do imóvel escolhido por Leandra, que pela localização e tamanho, atenderia perfeitamente ao projeto, não queria fazer a locação do prédio, pois pretendia montar um escritório próprio no local. Era tudo que Leandra havia imaginado, um imóvel de quatrocentos metros quadrados, em esquina, com ótima visibilidade! Depois de muita conversa, muita negociação, o imóvel estava em suas mãos para a tão desejada locação!

"Fui para uma nova reunião com tudo pronto e o presidente, sempre muito educado, já começou com 'Leandra, eu já te disse...'. Mas, conforme fui mostrando meu plano, com todos os detalhes, ele foi notando que havia algo inovador ali. Havia dedicado muitos meses ao projeto, inclusive imaginando as perguntas que viriam. Assim, quando percebia que ele ia perguntar algo, eu já estava com a resposta na ponta da língua. Quase no fim, o presidente, muito sério e pensativo, virou para mim e disse: 'Vamos fechar, vamos fazer o projeto!'.

Fiquei extremamente feliz, mas não surpresa. Estava muito focada, sabia que minha proposta daria certo. O projeto era muito inovador para a marca. E não só no Brasil, mas no mundo.

O território que me foi concedido inicialmente era menor do que eu desejava, mas resolvi seguir em frente. Afinal, eu queria e precisava começar. Além disso, entendi que foram cuidadosos para não criar uma relação de conflito com os franqueados que já estavam em Belém.

Depois de dois anos, um dos franqueados saiu da rede e tive a oportunidade de comprar suas lojas e aumentar meu território. Continuei crescendo, fazendo outras lojas e, em novembro de dois mil e vinte e um, comprei as lojas da outra franqueada, o que me levou a ser a única franqueada 5àsec em Ananindeua e Belém, atualmente com onze operações.

Hoje, faço parte do Conselho de Franqueados, já no terceiro mandato, atuo como membro dos comitês de marketing, inovação e sustentabilidade da 5àsec Brasil; e a relação com a franqueadora é muito saudável e de parceria. O grupo de lojas de Belém é um dos mais premiados da 5àsec Brasil e, em dois mil e dezenove, fui reconhecida pela ABF (Associação Brasileira de Franchising) como franqueada do ano. Uma premiação muito relevante para nós."

EM 2020 FOI NECESSÁRIO RESSIGNIFICAR E REALINHAR O NEGÓCIO

"Na pandemia, demos um grande passo para o crescimento da marca em Belém. Foi quando fizemos a aquisição de quatro lojas da concorrência e as converti em 5àsec. Aquele momento difícil para todo mundo foi também um momento em que conseguimos nos reinventar. Começamos aqui o projeto 5àsec em Casa, pois precisávamos estar na casa do cliente, devido às restrições do momento, passamos a oferecer serviços de higienização de estofados, tapetes, colchões e afins. Foi um projeto muito interessante, já éramos uma marca conhecida, de confiança, e adotamos algumas práticas que iam além das recomendadas nos protocolos sanitários. Preparávamos nosso operador com trajes especiais, esse projeto-piloto foi feito em parceria com a sede e posteriormente foi homologado para todo o Brasil.

Temos orgulho em ser referência também por nosso time. Trabalhamos muito o treinamento da equipe: todos os meses temos os treinamentos regionais com foco em operação, vendas, estratégia e autoestima, além dos treinamentos nacionais oferecidos pela franqueadora. O reflexo disso é a excelência nos resultados desse time que tanto me orgulha. Temos um rol importante de premiações regionais, estaduais e nacionais. Sempre tivemos muito apoio da franqueadora e somos muito aptos a receber o que ela tem a nos transmitir.

Considero que franquia seja justamente isso: você tem uma estrutura já testada e aprovada, uma imagem consolidada, suporte e formações para seu desenvolvimento profissional. Isso nos dá segurança no dia a dia. Não quer dizer que seja um negócio sem risco. Isso não existe no mercado. Precisamos correr riscos calculados e não risco à toa."

PESSOAS. ANTES DE TUDO, PESSOAS

Mesmo que, de forma natural, já fosse vocacionada para lidar com pessoas, entendendo a importância disso principalmente quando se trabalha na produção e oferta de serviços, Leandra procurou também formação e aperfeiçoamento no tema. Além de realizar cursos e treinamentos em renomadas instituições de ensino na área de gestão de negócios e pessoas, promove *workshops* com seu time e se apresenta para outros empreendedores como exemplo de inspiração e transmissão de seu conhecimento.

"Às vezes não percebemos o quão somos capazes. É importante nos olharmos com atenção. Trago esse ensinamento de minha mãe e procuro passá-lo à minha filha. Saber reconhecer nosso valor, nossas capacidades, e não deixar que os outros definam nossos limites são ações muito importantes. Tento passar essa visão também para minha equipe. Sempre adotei uma postura de estudar, focar e me desafiar muito mais. O que nos distingue é nossa capacidade de fazer acontecer e não permitir que outra pessoa determine o que seremos. É necessário se conhecer, se valorizar, descobrir seu propósito, o que você quer e o que lhe faz bem.

Como gestora, busco valorizar meu time não apenas quando somos reconhecidos ou ganhamos prêmios, mas isso é uma construção diária de aprendizado e ajustes a seguir. A perseverança e a resiliência são fatores relevantes para a construção de um bom time. Uma palavra de reconhecimento, um elogio ou agradecimento faz uma grande diferença. Recentemente, saí em uma reportagem da revista 'Pequenas Empresas & Grandes Negócios' que apresentava doze mulheres multifranqueadas. Também fui convidada a escrever um livro com vinte e três mulheres empreendedoras do Brasil, representando a região Norte. Nos dois casos, falo da importância de se ter uma boa equipe, principalmente quando trabalhamos com serviços.

O mercado de franquias está evoluindo, os formatos de negócio e de compra estão mudando, então precisamos acompanhar essa evolução para atender da forma adequada. A 5àsec tem a Universidade Corporativa, na qual as pessoas, além de receberem treinamento contínuo, são constantemente avaliadas.

Ter um time forte, porém, faz parte de um processo que começa na contratação. Procuro contratar com calma, tentando compreender ao máximo características comportamentais. É comum que as contratações sejam baseadas na experiência e habilidade técnica do candidato e não em seu comportamento. Mas sabemos que a grande maioria das demissões acontece por problemas comportamentais, e não técnicos. Dedicar mais tempo nesse primeiro momento pode poupar situações difíceis lá na frente e frustração para todos os envolvidos.

É importante o profissional passar por todas as etapas do negócio para que se entenda o todo. Ao delegar uma atividade, é de suma importância deixar a pessoa desenvolver para que se entenda o raciocínio daquela pessoa e o que pode agregar na empresa. Oriente, acompanhe, pois você pode se impressionar positivamente com o pensamento inovador e outra visão da equipe. Às vezes pode ser feito de forma diferente do que você faz, mas quem disse que essa é a melhor forma? Precisamos abrir a mente para visões corporativas inovadoras, com um processo de raciocínio diferente...

Lembro que durante uma aula da minha pós-graduação uma professora comentou que às vezes as pessoas não gostam de pedir para outras fazerem uma tarefa simplesmente porque não fazem igual a ela. Mas, como aprendi na prática, os indivíduos têm formas diferentes de chegarem aos resultados e, se permitirmos que mostrem sua forma de pensar, podemos inclusive alcançar resultados melhores. Busco meu autodesenvolvimento, consciente de minhas franquezas e dificuldades, e trabalho para superá-las. Sem medo de errar. Não podemos temer o erro achando que teremos somente acertos. Por meio dos erros, vamos acertando a direção."

Em mil novecentos e sessenta e oito, uma dupla de psicólogos americanos realizou um estudo que ficou conhecido como Efeito Pigmaleão ou Efeito Rosenthal. O estudo analisa os resultados e performances trazidos por um grupo de pessoas de acordo com a forma como a enxergamos, tratamos e as demandamos. O estudo foi realizado com professores de um grupo de alunos do ensino primário que receberam alunos do mesmo nível e capacidade de aprendizado, separados em dois grupos, um identificado como um grupo de alunos com inteligência acima da média e outro identificado como um grupo de alunos lentos e distraídos. Ao final do período da experiência, os alunos do grupo identificado como inteligentes acima da média tiveram índices de aprendizado e desempenho acima dos alunos "lentos" em uma série de avaliações, e também foram classificados pelos professores como mais fáceis de serem trabalhados. Embora os professores alegassem que ambos os grupos foram tratados da mesma forma, de maneira inconsciente o tratamento e expectativas eram diferentes e as respostas dos alunos foram também diferentes.

Fica aqui a reflexão de o quanto em nosso dia a dia, no tratamento e relacionamento com nossas equipes, colaboradores e parceiros de negócios, tratamos as pessoas como se fossem limitadas de compreensão, predispostas a não serem colaborativas e resistentes, logo, concretizamos assim o Efeito Pigmaleão em nossas relações.

APRENDIZADOS

"Toda trajetória é feita de acertos e erros. Acredito que meu grande acerto foi insistir no que eu acreditava, em meu projeto inovador no setor de lavanderias. Acho que meu erro foi ser muito centralizadora, durante muito tempo, o que engessava o desenvolvimento processual da empresa. No meio do caminho, comecei a entender que isso era um grande equívoco. Dessa forma, não daria conta de tudo. Tinha que confiar, delegar, fazer a gestão. E quando dou espaço para que as pessoas façam algo, elas podem fazer melhor que eu. Quando não permito, estou limitando essas pessoas e travando o desenvolvimento inovador delas.

Se eu pudesse voltar no tempo, lá na Leandra de dezesseis anos de idade, diria para ela: 'Calma, Leandra! Tem hora de plantar e hora de colher. Faça seu dever de casa, estude, se prepare, ganhe conhecimento, foque no que quer e vá em busca. Você vai conseguir'. Orgulhe-se de você e da sua história!"

Tornar-se exemplo de gestão, performance e premiações em uma rede de franquias presente em vários países e em um Estado que teoricamente não seria o terreno mais fértil no Brasil para se destacar como se destacou é algo para poucas pessoas. Leandra tem a habilidade de unir estratégia, inteligência, olhar para pessoas, e tudo isso alicerçado em garra e perseverança. Dona Vera tem muito do que se orgulhar e Antonella tem o melhor exemplo de mulher e profissional que poderia ter como referência para seu futuro.

Muito possivelmente, se revisitarmos esta história daqui a alguns anos, haverá matéria-prima para um novo capítulo com muitas conquistas que ainda virão!

"NÃO HÁ ATALHOS PARA A EXCELÊNCIA. DESENVOLVER UMA VERDADEIRA EXPERTISE, DESCOBRIR PROBLEMAS REALMENTE DIFÍCEIS, TUDO LEVA TEMPO - MAIS DO QUE A MAIORIA DAS PESSOAS IMAGINA. VOCÊ PRECISA APLICAR ESSAS HABILIDADES E PRODUZIR BENS OU SERVIÇOS QUE SEJAM VALIOSOS PARA AS PESSOAS. TER GARRA SIGNIFICA TRABALHAR EM ALGO QUE VOCÊ SE IMPORTA TANTO QUE ESTÁ DISPOSTO A PERMANECER FIEL A ELE. É FAZER O QUE VOCÊ AMA, MAS NÃO APENAS SE APAIXONANDO, MAS SIM PERMANECENDO APAIXONADO."

(ANGELA DUCKWORTH)

SOBRE A 5ÀSEC

- **Segmento:** limpeza e conservação
- **Número de unidades:** 534

Reconhecida como a líder no segmento de lavanderias, a 5àsec é uma rede de lojas especializadas no tratamento de roupas e serviços têxteis por meio de um sistema de limpeza de qualidade reconhecida, realizada por meio de equipamentos de alta tecnologia.

Presente em 34 países, sendo que aqui no Brasil, com mais de 500 lojas e mais de 200 franqueados, oferece uma ampla uma variedade de serviços.

Em sua estrutura, fornece aos seus franqueados treinamentos operacionais, administrativos, uma Universidade Corporativa com muitos cursos e uma equipe qualificada de consultores, além de investimentos expressivos em mídias e campanhas promocionais.

- **Site:** https://www.5asec.com.br/
- **Fonte:** https://www.portaldofranchising.com.br/

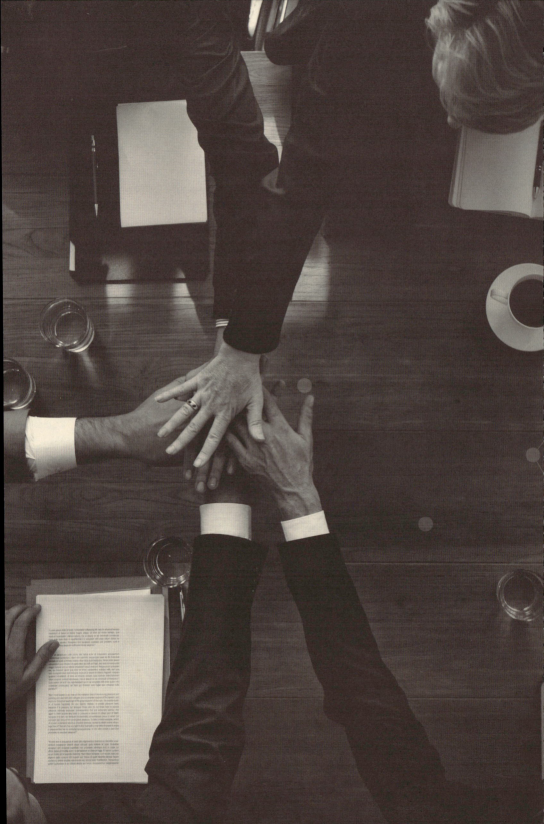

8

MARIA É UM DOM, UMA CERTA MAGIA... É O SOM, É A COR, É O SUOR

Priscila Mena, franqueada da Rede Maria Brasileira em Foz do Iguaçu, é a protagonista dessa história, mas foi difícil pensar em outra referência de título que não trouxesse a força da música "Maria, Maria", de Milton Nascimento. A simplicidade presente em sua personalidade somada com a determinação por alcançar seus objetivos nos provoca a compreender o quanto é possível crescer e evoluir.

AGORA SOMOS EU E VOCÊ

Aos dez anos de idade, Priscila passou a viver somente com sua mãe, Maria Loreni, a dona Lori. Seu pai revelou a existência de uma segunda família e saiu de casa.

A mãe de Priscila trabalhava como diarista, mas atendendo a uma única casa, há vinte e dois anos e na situação que passou a viver decidiu complementar a renda cuidando de crianças em sua casa no período da noite, quando chegava da casa em que trabalhava durante o dia. Neste cenário, Priscila começou trabalhar muito jovem.

> "Desde muito cedo eu precisei trabalhar. Tive meu primeiro emprego ali com treze anos de idade em uma loja de roupas usadas em Foz do Iguaçu, onde moramos. Minha mãe conseguiria nos sustentar, mas entendi que eu precisava ajudar. Ela sempre foi muito cuidadosa comigo, acho que especialmente por eu ser menina. Principalmente depois que meu pai nos deixou ela viveu em função de cuidar de mim, inclusive, não se casou novamente até eu ficar adulta. Se preocupava com o que poderia acontecer comigo."

A loja de roupas que Priscila trabalhava era um pequeno comércio de uma irmã de igreja, e como estava muito perto da Ponte da Amizade, que liga o Brasil ao território paraguaio, era muito comum pessoas do Paraguai irem fazer compras na loja, o salário que ela recebia ali era importante no complemento da renda familiar, que era composta por ela e sua mãe. Na separação, houve a determinação de pensão alimentícia a ser paga pelo pai de Priscila, mas em muitas vezes esse recurso não era recebido da forma determinada pelo acordo realizado. Dona Lori foi a primeira referência de determinação e garra para Priscila, sobretudo pela postura de vida adotada diante das dificuldades.

> *"Sempre nos viramos sozinhas. O período de adolescência, enquanto fiz o ensino médio, foi muito delicado por uma série de circunstâncias. Terminei o ensino médio e fui estudar Administração, a escolha não foi exatamente pelo curso, mas a decisão de fazer uma faculdade. Administração era o que eu consegui pagar, pois era o curso mais barato na época, era o que dava e sempre com o apoio e esforço de minha mãe. Eu queria mudar de vida e retribuir de alguma forma a dedicação que havia recebido dela e queria, sim, evoluir, afinal, acho que ninguém quer passar a vida dependendo de sobras de comida dos outros, de viver de roupas doadas. Lembro que ia para a igreja somente com roupas que recebia de doação. Não eram roupas rasgadas ou maltrapilhas, mas eu também queria ter uma roupa nova, queria mudar de vida."*

Após um período curto de quatro meses trabalhando na loja de roupas e com dona Lori já trabalhando como diarista para outras pessoas para que fosse possível aumentar a renda em relação ao que conseguia quando trabalhava para uma única pessoa, Priscila foi convidada por uma advogada, cliente de sua mãe, para trabalhar no escritório.

> *"A advogada me chamou para trabalhar com ela como secretária, aí eu trabalhava meio período e estudava na outra parte do dia. Nesse meio tempo, completei meus quinze anos e fui trabalhar em outra loja que vendia mercadorias trazidas do Paraguai, como bolsas, bijuterias e coisas desse tipo. Trabalhei lá dos quinze aos vinte anos e fui muito influenciada profissionalmente pela dona da loja. Era o trabalho que me permitia pagar a faculdade e ajudar em casa. Ao final, sempre falo que parece que as coisas foram se encaixando em minha vida. Acredito muito em Deus, então acho que as coisas foram acontecendo."*

"Foi um período difícil, mas não me arrependo de nada que passei. Faria tudo novamente, pois são essas situações que, somadas, foram o que sou hoje. Se eu não tivesse vivenciado essas experiências, possivelmente não teria aprendido tudo que aprendi, sobretudo, com a força que minha mãe precisou ter depois que meu pai nos deixou."

Priscila lembra ainda, e por incrível que possa parecer, até de forma bem-humorada de um tratamento que precisou fazer durante a adolescência, por algo que lhe rendeu o apelido de "Jeca Careca". "Jeca" pela simplicidade de sua personalidade e roupas que usava e "Careca" por realmente ela ter perdido grande parte dos cabelos quando passou por uma tricofagia, ou "Síndrome de Rapunzel", que é um transtorno psicológico que tem como principal característica o impulso de seu portador em arrancar os cabelos da cabeça e às vezes cílios e sobrancelhas e ingerir os fios. Em determinado momento, Priscila raspou a cabeça, pois havia buracos, falhas no cabelo decorrentes da frequência que ela arrancava os cabelos. Esse transtorno, em boa parte das vezes, tem incidência em adolescentes, e dentro desse grupo, noventa por cento são mulheres e as causas estão ligadas a transtornos de depressão e ansiedade.

A tricofagia aconteceu enquanto Priscila trabalhava na loja que ficou entre os quinze e vinte anos, e menciona que uma das pessoas que mais a ajudaram nesse período foi a dona da loja, justamente por ser um apoio a Priscila e por ser um espelho como pessoa e profissional e ajudá-la a recuperar a autoconfiança.

A maneira que Priscila se coloca acima, com a leitura de vida de que as coisas foram se encaixando, realmente tende a acontecer, mas ocorre quando normalmente abrimos caminho para que aconteçam, quando deixamos que as coisas boas fluam, e isso vem com postura positiva, com disposição para o trabalho e a capacidade de se enxergar vencendo as dificuldades, que, claro, às vezes pode vir com a ajuda e inspiração de outras pessoas, e uma dessas pessoas na vida de Priscila é André, seu esposo.

"Aos quinze anos conheci André através de uma prima e pouco tempo depois começamos a namorar. Em meados de dois mil e treze, quando eu tinha vinte anos, decidi sair da loja que eu estava trabalhando para fazer estágio em minha área. Aqui em Foz do Iguaçu, existe a usina hidrelétrica

de Itaipu e todos os anos surgem vagas de estágio. Esse foi outro momento que tive apoio de minha mãe e André, pois deixei um trabalho que era simples, mas me garantia a remuneração necessária para aquele momento, aliás, até hoje André sempre me apoia em minhas escolhas, existe muita confiança envolvida em nosso relacionamento."

Ainda em dois mil e treze, no mês de setembro, mesmo ano do início da faculdade e estágio, Priscila e André se casaram. André trabalhava na prefeitura, na área de tecnologia da informação. Embora fosse um emprego estável e um salário que atendia às necessidades deles, a prefeitura atrasava os pagamentos com muita frequência, o que para quem vive na ponta do lápis desorganiza muito o orçamento doméstico, o que exigia do casal, e especialmente Priscila, que cuida das contas da casa de forma muito segura. Embora seja muito ativa e dotada de espírito empreendedor, também tem um lado de equilíbrio, de pé no chão bastante acentuado, principalmente no que diz respeito ao uso de recursos financeiros, afinal, quando se tem escassez, você aprende que não pode errar.

"Sempre fui muito segura em relação ao uso de recursos, tenho muitas lembranças do que vivi na infância. Não havia mencionado ainda, mas chegamos realmente a passar dias com fome, de não termos o que colocar na mesa. Na casa que minha mãe trabalhava, nem sempre toda a comida era consumida, então sobrava alguma coisa na panela e ela trazia para casa. Essa sobra era o que tínhamos para comer à noite. Aliás, tem uma curiosidade para compartilhar aqui: ao contrário do que muita gente gosta, eu quase passei a enjoar de batatas fritas, pois como batata era algo muito barato e de fácil preparo, quase todos os dias era o que tínhamos para comer: batatas fritas, batatas cozidas, batatas assadas e suco de limão, porque tinha pé de limão no quintal. Acho que peguei trauma de batatas e suco de limão naquela época, mas hoje continuo gostando de batatinhas!"

Neste momento, durante a conversa, impossível não vir à lembrança uma citação de Viktor Frankl que vai muito ao encontro da forma que essas circunstâncias são encaradas por Priscila:

"Em vez de possibilidades, realidades é o que eu tenho no meu passado, não apenas a realidade do trabalho realizado e do amor vivido, mas também a realidade dos sofrimentos suportados com bravura. Esses sofrimentos são até mesmo as coisas das quais eu me orgulho mais, embora não sejam coisas que possam causar inveja." **(Viktor Frankl)**

Na vida de Priscila foram momentos muito difíceis, mas que ajudaram a forjar sua personalidade e formação. Naturalmente que não se deseja que todos passem pela mesma situação para obtenção de algum tipo de ganho ou educação, mas quem viveu alguma situação difícil, entre outras possibilidades, tem nisso uma plataforma de sustentação de personalidade.

Três anos após o casamento, surge uma importante oportunidade na vida do casal.

"Ficamos assim, com André trabalhando na prefeitura até 2016, quando uma pessoa que havia sido professor dele entrou em contato e falou de uma oportunidade no Paraguai que acreditava que ele poderia se encaixar com o perfil da vaga, e então convidou André para um teste. Depois de testes, ele foi aprovado, e em relação ao que ganhava na prefeitura, a diferença de salário era quatro vezes e meia maior. Isso nos ajudaria muito e então valeria a pena trocar a estabilidade que tinha na prefeitura."

Ao final deste mesmo ano, Priscila realizou um de seus sonhos, que era possuir um curso superior, e formou-se em Administração. Neste momento, ela estava trabalhando em uma unidade da Unimed, uma cooperativa de atendimento médico, mas mesmo na área administrativa, seu dia a dia acabava sendo tomado por um ambiente que via muitas pessoas doentes, e essa situação não estava fazendo bem a ela e, em comum acordo com o esposo, saiu desse trabalho. Aqui começa a brotar a semente do empreendedorismo em Priscila!

"Ainda quando eu estava trabalhando, e com André com um salário maior, comecei a seguir o conselho de meu sogro, que, aliás, junto com minha mãe e André, são as pessoas que mais admiro. Quando comecei a namorar com André, meu sogro tinha um carro usado, um Chevette, aliás,

bem usado mesmo, e eu ficava imaginando por que, pois ele possuía casas de aluguel, tinha uma renda que em minha cabeça permitia que ele pudesse ter um carro melhor, e um dia não resisti e perguntei a ele, ouvi algo que jamais esqueci: 'Primeiro quero ter certeza que consigo sustentar um carro novo, que irá me gerar outras despesas, então prefiro juntar dinheiro e, quando for possível, dou esse passo', ali, ficou uma grande lição para mim, então ainda quando eu estava na Unimed, comecei a ter a ideia de abrir uma cafeteria e começamos a guardar dinheiro, aliás, guardo e cuido do recurso financeiro com tanto cuidado que às vezes até meu marido diz que eu devo gastar mais comigo mesma."

APARECE MARIA

E como a "sorte" bate na porta de quem está preparado, ela foi ao encontro de Priscila.

"Como eu ainda estava com a cafeteria como ideia e ainda juntando algum dinheiro, ou seja, não estava trabalhando, uma amiga me falou de uma franquia que estava para abrir na cidade que era de outra amiga dela e estavam precisando de uma atendente, era uma franquia que não conhecia, chamada Maria Brasileira.

Fui à entrevista e conversei com a pessoa responsável pela seleção. No outro dia, recebi um telefonema informando que eu havia sido aprovada, mas eu tinha dúvida se deveria ir ou não e resolvi dividir essa dúvida com meu esposo e, ao final, acabei aceitando o novo trabalho. A surpresa é que depois de um mês de operação a franqueada decidiu não dar continuidade ao negócio, ela havia entendido que não era exatamente o perfil de negócio para ela e ela não tinha o perfil que o negócio demandava. Era uma pessoa muito capaz, trabalhadora, tinha família com muitas posses em Foz do Iguaçu, mas realmente havia um desalinhamento de expectativas, e então ela colocou a unidade à venda, mas antes de divulgar para outras pessoas, me ofereceu a franquia, perguntou se eu queria comprar, e inclusive se propôs a facilitar a venda da unidade!!! Ainda sem acreditar muito no que estava acontecendo, perguntei a ela quanto ela queria pelo negócio e o valor proposto era exatamente o que eu tinha economizado em função da ideia de abrir a cafeteria. Tinha uma oportunidade ali, na minha frente, e não deixei passar! Eu me tornei a franqueada Maria Brasileira em Foz do Iguaçu."

Sem nenhum propósito de explicação ou aprofundamento em conceitos de psicologia, inclusive por não ser especialista na área, lembro aqui da tão falada "sincronicidade", conceito desenvolvido por Carl Jung, fundador da psicologia analítica, que define sincronicidade como eventos que não têm relação causal entre si, mas que traz para os envolvidos uma carga de significados positivos, a sincronicidade é também muitas vezes chamada de "coincidência significativa". Nessa sequência de acontecimentos, por exemplo, a decisão da venda da franquia pela pessoa que abriu a unidade não tinha relação com o desejo de empreender de Priscila, mas um evento coberto de sincronicidade fez com que estivessem no mesmo lugar e momento de modo que o evento atendesse ao interesse de ambas. Priscila sempre teve o desejo de empreender.

"Eu sempre quis abrir alguma coisa. Primeiro, em torno de dois mil e dezesseis, queria algo que eu achava que estava mais perto de minha realidade, como, por exemplo, quando ia ao hospital aqui da cidade e observava que não tinha nada vendendo lá. Percebia que tinha oportunidade e pensava: 'Ali eu poderia vender crepes', e aí, movimentei toda a família: pedi ajuda de meu avô para fazer uma barraquinha de madeira. Em outra ocasião, pensei em fazer cupcakes, aí vai eu colocar André para me ajudar, mas eram coisas simples, feitas na minha cozinha, sem nunca imaginar que seria algo assim, com uma franqueadora grande, do porte da Maria Brasileira."

Priscila assumiu o repasse da operação, realizou a integração e treinamentos da franqueadora para que pudesse dar continuidade ao negócio e destaca muito o suporte que recebe por estar em um negócio franqueado, pois mesmo que na época não tivesse um universo maior de análise e comparação por não ter uma franquia em seus projetos, ao longo do tempo, em contato com outros empresários e franqueados de outras marcas, entende que foi muito bem atendida desde o início da operação, especialmente considerando o segmento em que está inserida, que é a prestação de serviços, algo muito sensível, seja pelo público que ela tem como prestador de serviço, seja pelo cliente atendido e as particularidades de cada atendimento.

"O começo para mim foi meio diferente, às vezes não acreditava no que estava vivendo. No começo eu queria fazer de tudo, me entregava, me aplicava integralmente. Até hoje saio de casa às seis e meia da manhã e volto só depois das nove da noite, todos os dias! Eu ia apresentar os serviços, visitar os clientes, dar a cara mesmo, pois queria muito que as pessoas nos vissem como referência de excelente atendimento, porque sei o quanto isso é importante em serviços. Não é somente atender, é entender o que o cliente quer. Muitos clientes acabam virando amigos.

Desde quando eu trabalhava na loja, achava que tinha que ir além. Quando não tinha cliente, eu ia para a rua entregar panfleto, ia buscar o cliente. Isso faz total diferença. Recentemente, João, meu filho, precisou fazer um tratamento e às vezes eu ouvia das pessoas: 'Por que você não fica em casa com o João?'. É simples, se eu ficar em casa, quem me garante que terei recursos para fazer o tratamento dele?

Não tem diferença para mim, agora que sou dona de meu negócio. Sempre trabalhei muito e tenho consciência de não me deslumbrar. Quando a gente trabalha, as coisas acontecem. Trabalhei muito, principalmente no começo da operação, mas foi muito bom, me permitiu aprendizado de verdade!"

Depois de tanto aprendizado, trabalho e fazer acontecer, os frutos começam a surgir.

"Ter realizado meu negócio me trouxe possibilidades materiais, uma vida melhor. Hoje vou ao supermercado e compro o que preciso, o que tenho vontade, quando digo para meu filho que não compraremos algo é pelo caráter educacional e não por uma limitação financeira, pois também quero transmitir esses valores para o João, conseguir fazer que ele entenda que tudo que temos foi conquistado, que é necessário trabalhar para alcançar os objetivos, o que é sempre complexo na relação com os filhos, pois hoje as coisas já são diferentes para ele. Existem mais facilidades, como, por exemplo, na escola, tem uma pessoa para abrir a porta do carro (quando que eu sequer pensava em ir para escola de carro!!), outra para levá-lo no guarda-chuvas quando tem mau tempo, e assim vai. Às vezes me preocupo com isso, em como será daqui a uns anos. Esse equilíbrio de proporcionar o melhor que pudermos para os filhos, mas sem fragilizá-los, sem que acreditem que é tudo fácil, é um desafio. Meu marido

sempre fala que tempos difíceis fazem homens fortes e tempos fáceis fazem homens fracos. Tento moldar, educar João para valorizar o sacrifício e aprender a ir atrás das coisas, e tentamos ser referência para ele."

Pela época que as experiências trazidas neste material foram coletadas, ainda existem muitas memórias da pandemia, que passamos entre dois mil e vinte e dois mil e vinte e um. Boa parte dos segmentos do varejo e serviços teve um forte impacto negativo, no entanto, outros, por sua atividade, acabaram por ter seus resultados preservados e às vezes até potencializados, como no caso da Maria Brasileira, neste caso, os desafios são outros, e independem de existir uma pandemia.

"A pandemia, exceto nos primeiros quinze dias, para nosso segmento foi um período bom. Nosso aprendizado é na prática e normalmente complexo, e vive se repetindo, pois faz parte da operação. Por exemplo, recentemente tive uma saída de caixa que não estava prevista, no valor de seis mil e oitocentos reais. Precisei ressarcir os vidros de uma cliente, que alegou que foram riscados por uma prestadora de serviços nossa, e outro no valor de três mil e quinhentos reais no ressarcimento de uma aliança que um cliente alega ter sumido da sala dele quando uma prestadora nossa esteve lá. Isso em um único mês. Precisarei tirar dinheiro da casa que estou construindo para repor algo que não deveria ter acontecido.

No caso dos vidros, a prestadora afirma que não foi ela que riscou, a cliente diz ter certeza de só pode ter sido ela. Ao final, damos assistência para o cliente e pagamos.

Outro dia foi aqui. Estou localizada em um coworking, são várias salas. O vizinho de sala, que perdeu a aliança, não conseguiu provar que foi a prestadora, mas está ali ao lado, nos vemos todos os dias e ele afirmando que havia sido ela. Acabei dando assistência e pagando a aliança. Claro que quando isso acontece, nos desanima um pouco. Meu advogado disse que eu não teria obrigação de pagar, afinal, ele não tinha nenhuma evidência e menos ainda provas do que estava alegando, mas preferi encerrar o caso e dar assistência.

Tem ainda o que de certa forma faz parte da vida, um caso como o de uma funcionária que trabalhou comigo por quatro anos e saiu para montar uma operação concorrente. Até aí, entendo, faz parte do jogo, mas daí a ela querer roubar as prestadoras de serviço e a carteira de clientes, não é certo!

Agora, em relação ao negócio, desde o início da operação, todos os meses, consegui encerrar com lucro, com resultado positivo. Nunca fechei um mês no vermelho."

DECIDI QUE TENHO QUE FAZER O MELHOR TODOS OS DIAS

Quando tenta identificar um grande acerto em sua trajetória desde que começou a trabalhar como empresária franqueada, Priscila diz que não consegue identificar algo pontual, especial, mas a constância de todos os dias fazer o melhor que pode.

"Acredito que seja um acerto constante apostar sempre no melhor atendimento. Temos, por exemplo, clientes de um batalhão do Exército Brasileiro aqui em Foz do Iguaçu. São clientes exigentes e todos os dias olho as mensagens que recebemos para ver os feedbacks que são enviados. Tenho inclusive uma orientação da franqueadora de investir mais em marketing local. Eles me cobram muito isso, mas sei que não preciso ainda, pois é uma decisão diária colocar o atendimento em primeiro lugar e isso faz que todos os dias eu receba novos clientes que vem por indicação de quem já está sendo atendido por mim. O suporte que damos aos clientes faz a diferença. Sim, às vezes temos reclamação, mas quando isso acontece, vou a fundo no problema e resolvo. Esses dias, minha mãe, que trabalha comigo, estava limpando uma casa às nove horas da noite porque a cliente não gostou do serviço da prestadora. Nem foi exatamente uma reclamação, mas estávamos lá, estávamos presentes. Fazemos atendimento humanizado, não deixamos o cliente na mão."

Não há a menor sombra de dúvida de que Priscila, com somente vinte e nove anos quando me presenteou com sua história, já tendo vivenciado tantas situações e amadurecido tanto, ainda tem muito o que crescer, sua garra e perseverança não permitirão que ela pare por aí. Por enquanto, ela nos deixa alguns conselhos.

"A franquia traz um know-how muito importante. Claro que a pessoa pode investir e fazer um negócio do zero, mas a possibilidade de dar errado

pela franquia é muito menor. Ano passado abri uma loja de produtos de limpeza, mas chegou uma hora que precisei escolher porque não estava dando conta das duas empresas. Não tive dúvida na escolha e vendi a loja, e fiquei com a Maria Brasileira.

Podemos até pensar que é simples lidar com compra e venda de produtos, mas sem suporte e orientação, não é bem assim. A experiência de uma franqueadora faz muita diferença para errarmos muito menos. Tenho interesse em abrir outras unidades, e quando converso sobre isso na franqueadora, recebo um estudo de viabilidade. Já em um negócio independente, se eu quiser um projeto de viabilidade, tenho que pagar para uma empresa que não terá vínculo ou compromisso sobre o sucesso do negócio.

Minha mensagem é que tenho consciência de que não sou a única filha sem pai, não sou a única pessoa que passou necessidade no mundo, mas sempre falo que eu não sou o que me aconteceu. Eu sou o que decidi fazer sobre o que me aconteceu.

Acredito muito em Deus e sempre tive minha mãe ao meu lado. Sou abençoada por ter o marido que tenho comigo.

É necessário ter muita disposição e trabalhar muito. Se você quer ter uma vida tranquila, 'sua vida não pode ser tranquila', tem que se dedicar muito e, claro, saber fazer uso dos recursos de forma correta."

Uma coisa é certa, João Mena, filho de Priscila, tem uma das melhores referências que poderia ter em sua vida, um exemplo que, por mais que o ambiente e as circunstâncias possam forçar uma situação, não são eles que determinam o final, pois sempre estará na pessoa a decisão de ter um olhar diferente.

"QUANDO NÃO PODEMOS MAIS MUDAR UMA SITUAÇÃO, SOMOS DESAFIADOS A MUDAR A NÓS MESMOS."

(VIKTOR FRANKL)

SOBRE A MARIA BRASILEIRA

- **Segmento:** limpeza e conservação
- **Número de unidades:** 463

A franquia Maria Brasileira é a maior rede de franquias de limpeza residencial da América Latina e a maior do Brasil no segmento de limpeza e cuidados. Fundada em 2012, se tornou uma rede de franquias já em 2013. A sede da empresa está situada em São José do Rio Preto (SP), uma das cidades com maior qualidade de vida do Brasil.

Atualmente, a rede passou a marca de 450 unidades, com um vertiginoso crescimento no ano de 2020, o maior desde sua fundação em número de franquias, com 97 novas unidades, o que representou 40% de crescimento da rede.

- **Site:** https://mariabrasileira.com.br/
- **Fonte:** https://www.portaldofranchising.com.br/

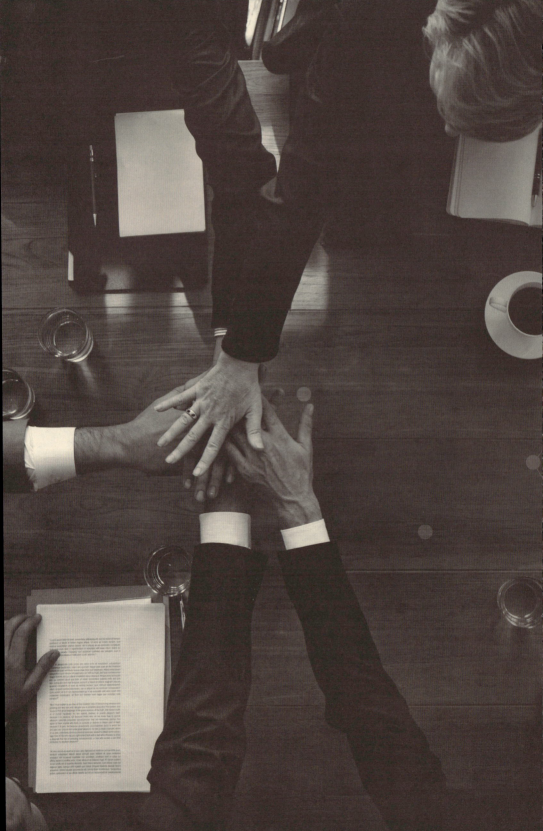

9

SORRINDO E FAZENDO SORRIR

Arlindo, menino conversador e simpático, mas com objetivos muito claros, conta para a gente sua história que começa e continua – pois ainda está longe de ter um fim – lá no interior de Minas Gerais, em Muriaé, mas nesse intervalo entre o começo e o "continua", a caminhada foi longa e por muitos lugares e com muitas experiências diferentes, mas uma coisa era certa: aprender cada vez mais!

ARLINDO POR ARLINDO

"Tenho quarenta e dois anos de idade, iniciei minha vida no franchising por indicação de um amigo que conheci quando trabalhei nas lojas Renner como gerente de loja e posteriormente atuamos juntos na Portobello Shop, onde eu cuidava das lojas do Rio de Janeiro e parte de Minas Gerais em torno de três anos, como consultor de campo. Foi uma ótima experiência, mas, ao mesmo tempo, marcada por um trauma, pois nesse período eu e minha esposa sofremos um sequestro na cidade do Rio de Janeiro, o que provocou em minha esposa a sensação de pânico, a ponto de não querermos mais levar nossa vida no Rio. Tentei um movimento pela própria franqueadora para mudar de cidade, já que minha rotina era marcada por muitos deslocamentos para visitar as lojas, então entendia que poderia marcar residência em outro local e daria tranquilidade a minha esposa e mais qualidade de vida para nós, mas a empresa requeria que a pessoa de minha vaga morasse na capital carioca, mesmo eu alegando que morando, por exemplo, em Petrópolis ou Teresópolis, que ficam na região serrana, estaria muito perto, e com essa oportunidade eu gostaria de continuar na empresa, mas não foi possível e acabei então deixando a franqueadora para ir trabalhar com um franqueado que tinha duas lojas Portobello, uma em Resende e outra em Volta Redonda, fui ser um gestor de seus negócios, cuidando da operação e expansão do projeto, além dessas duas unidades, ele tinha uma pequena rede de varejo, que no total somavam sete lojas. Trabalhei com ele em torno de um ano e meio e foi até um bom aprendizado, mas não houve um prolongamento desse *tempo, porque também houve um certo choque de adaptação por ser um negócio pequeno, uma empresa familiar.*

Aqui parti para a decisão de me tornar empreendedor, eu mesmo, um franqueado! Na ocasião, fiz a união de duas coisas: o mestrado que eu tinha feito, com a dissertação orientada para o tema franquias, e a possibilidade de utilizar recursos liberados pelo governo através das contas inativas de fundo de garantia. Eu tinha experiência, tinha algum dinheiro guardado e a oportunidade de resgatar essas contas inativas, somado a meu momento de vida, pensei: 'É hora da guinada!'.

Ao decidir empreender pelo franchising, que já foi uma decisão de vida, ela veio acompanhada de outra, que foi voltar para minha cidade natal, de onde tinha saído há uns vinte anos, e aqui é que começa para valer minha história de vida."

MURIAÉ

"Nasci em Muriaé, no interior de Minas Gerais, de onde é toda a minha família, tanto de parte de pai como de mãe. Aos quatro anos de idade, perdi meu pai. Infelizmente, ele era alcoólatra e em uma viagem que havia bebido, acabou acontecendo um acidente fatal que provocou seu falecimento. Minha mãe chegou a ter um segundo casamento, tenho uma irmã fruto dessa união, mas esse casamento acabou provocando uma mudança em minha vida, porque eu tinha muitas diferenças de ideias e ideais em relação a meu padrasto. Eu sempre fui muito dinâmico, com pensamento mais para frente, e ele era muito tranquilo, não gostava de movimento, então comecei ficar cada vez mais nas casas de meus avós. Eles até aceitavam isso e acabei ao final indo morar com eles, mas impuseram algumas condições, como, por exemplo, exigir que eu começasse a aprender a trabalhar, o que, ao final, acho que foi muito bom para mim. Ali comecei a aprender o comércio.

Até hoje temos o sítio do meu falecido avô, na época ele produzia para vender na vizinhança e olha que estou falando de quando eu tinha uns sete anos, isso me gerou um enorme aprendizado. Vendia leite, verduras, bananas, ovos, tudo que tinha no sítio, e sempre que eu voltava minha avó pegava uma parte do dinheiro obtido com a venda e me dizia: 'Esse pedacinho do dinheiro é para você. Vai conquistando suas economias para seu futuro'. Durante as férias de final de ano, trabalhava para o meu primo, que tinha uma confecção e uma loja de roupas, dobrando as camisas e organizando as prateleiras para também ganhar mais um dinheirinho."

A menção de Arlindo sobre o aprendizado das vendas me traz uma lembrança de minha vida. Era bem pequeno, não tinha dez anos completos, quando meus pais fizeram uma daquelas mudanças que tempos depois se fica um longo tempo com a pergunta de "o que fomos fazer lá?". Fomos morar em Rondônia e lá eu tinha primos mais velhos que vendiam frutas na rua, de porta em porta, eu queria começar a ter meu dinheiro de todo jeito, mas claro que, com aquela idade, meus pais não permitiam, até que um dia acho que cansei, procurei minha mãe e consegui que ela deixasse eu ir à quitanda pegar frutas para vender. Saí com uma bacia de bananas na cabeça, acho que o que eu podia carregar, e vendi tudo. Não sei se porque as donas de casa que compraram precisavam ou se queriam aliviar o peso do garoto, mas lembro eternamente desse episódio, e de forma positiva.

Arlindo teve muitas valiosas lições junto a seus avós, lições práticas, de vida, que serviram para o trabalho e relacionamento. Sua mãe lhe ensinou o caminho da escola. Imagina onde iria parar um garoto que assimilou a importância do trabalho, relacionamentos e estudos!!

"A vocação comercial sempre foi muito desenvolvida em minha família, assim como o valor do trabalho. Quando eu quis aprender a dirigir, ouvi de meu avô: 'Eu te ensino, mas toda vez que formos aprender, antes, você lava o carro'. E me ensinaram muito a essência, o valor do trabalho.

Já o outro lado da família sempre teve muita influência na cidade, no lado social. Essas pessoas conheciam todo mundo, então, por mais que eu me ache uma pessoa introvertida, esse lado da família me ajudou a aprender a me relacionar e transitar socialmente, no entanto, minha vida nunca foi assim, fácil.

Minha mãe era professora estadual, ganhava muito mal e sempre foi muito realista comigo: 'Não terei condições de te dar uma vida melhor, então você terá que estudar muito para conquistar suas coisas'. Quando chegou a hora do vestibular, considerando essa realidade, eu sabia que teria que me preparar muito para estudar em uma universidade federal, porque não haveria dinheiro para uma faculdade particular. Aos dezoito anos, passei em economia para a Universidade Federal de Juiz de Fora. Coincidiu com a época que tive que me apresentar para o serviço militar, e Juiz de Fora é uma cidade com vários quartéis, ou seja, havia uma real chance de eu acabar sendo convocado. Até tinha interesse de servir o Exército e fui até a última fase do processo seletivo, tinha todo o perfil para ser chamado e, ao final, em uma das etapas fui ao militar que estava liderando o trabalho naquele dia, que me perguntou se eu era voluntário para servir. Disse a ele que até gostaria, mas havia uma incompatibilidade importante, pois havia sido aprovado na universidade federal e o curso era em período integral, então ou eu faria uma coisa ou outra. Acabei conseguindo ser dispensado do serviço militar e seguir minha vida.

Completei meus quatro anos de curso, fiz meus estágios e, embora Juiz de Fora seja uma cidade grande e importante regionalmente, as oportunidades de trabalho, especialmente para um curso como o de Economia, eram muito restritas. Eu me formei em meados de dois mil e três, mas, ainda durante o ano de dois mil e quatro, não tinha conseguido nada, então, no ano seguinte, em dois mil e cinco, consegui uma colocação em um dos maiores bancos de varejo do Brasil, em um processo para trabalhar em São Paulo, na Av. Paulista. Comecei em uma sexta-feira, véspera de carnaval, com toda a correria que foi, no dia combinado eu estava lá. Afinal, era tudo o que queria naquele momento!

Fiz uma carreira meteórica no banco. Entrei como escriturário, três meses depois fui promovido e em mais três meses fui selecionado para o primeiro projeto de trainee do banco. Passei de um salário de seiscentos reais para três mil reais em menos de seis meses!

Ao final do projeto de trainee, precisei tirar férias, porque os prazos já estavam vencendo, e para que quando eu voltasse isso já estivesse resolvido antes de eu assumir uma agência como gerente.

Tinha um amigo que morava na Espanha e resolvi ligar para ele para perguntar se podia passar as férias lá. No dia seguinte, eu estava em Valência, na Espanha. Esse meu amigo trabalhava durante a noite em um pub e depois do pub em uma discoteca. Durante os primeiros quinze dias que fiquei lá, foi o período de maior esbórnia da minha vida!! Bebia de graça, entrava na balada de graça, duas semanas me acabando nessa vida, mas uma hora caiu a ficha que aquilo não era eu. Aqui no Brasil, nem beber eu bebia, pois sempre carreguei a preocupação com a forma que meu pai perdeu sua vida.

Durante esses dias, meu avô veio a falecer, e para não afetar minha viagem, minha mãe tomou a sábia decisão de só me avisar depois que os procedimentos naturais já tivessem transcorrido. Depois desses dias, me toquei de que não tinha feito nem mesmo turismo, que não tinha conhecido nada na Espanha e que a viagem não estava sendo aproveitada como deveria. Conversei com meu amigo, pedi que ele não levasse a mal, mas que a partir daquele momento eu não iria mais com ele para seu trabalho, porque eu precisava aproveitar melhor minha estada nas férias."

PÉS QUE ANDAM UMA HORA TOPAM EM ALGUMA COISA

Sempre ouvimos que, seja o que formos fazer, devemos fazer bem-feito, e por mais clichê que isso tenha se tornado, a verdade é que em algum momento, na prática, a vida colocará isso à mesa, de uma forma ou de outra. No caso de Arlindo, o esforço em sempre ter se aplicado nos estudos e nos trabalhos realizados até então o preparou para algo que nem em seus sonhos mais otimistas teria passado em sua cabeça.

"No segundo dia de viagem 'de verdade', passei por um prédio histórico, que era a Universidade Católica de Valência. Entrei para conhecer e fotografar, e observei em um cartaz que estavam com inscrições abertas para a segunda turma de um MBA Internacional, e fui saber mais a respeito na secretaria da universidade, mesmo sem saber falar nada em espanhol, entendi que estavam abrindo o curso para começar em dezembro e que eu poderia me candidatar. O processo seletivo era composto por provas e análise de currículo, e os aprovados poderiam eventualmente ser selecionados por empresas parceiras que bancariam o curso. No mesmo dia, tive acesso ao coordenador e fiz o processo seletivo. Foram três provas, uma redação (que fiz em inglês) e avaliação de gestão, além da análise curricular. Era mês de setembro e os aprovados começariam o curso ao final de dezembro.

Fui passear em Barcelona e conhecer outros lugares, pois só me restavam cinco dias para ficar na Espanha. Dois dias depois, recebi um telefonema do coordenador do curso informando que, considerando minha formação, currículo e experiência no processo de trainee, além de meu desempenho nas provas, que havia sido muito bom, eu estava aprovado para o MBA Internacional. Agora eu precisava tomar uma decisão.

Em minha inexperiência, eu achava que poderia ficar na Espanha até dezembro, mas não era assim que funcionava. Era necessário voltar para o Brasil e obter o visto de estudante, só então depois disso retornar para a Espanha.

Tinha uma alegria e um problema: tinha uma vaga de gerente-geral e uma agência para assumir e precisava comunicar a eles sobre o MBA da Espanha. Chamei minha diretora e expliquei o ocorrido, finalizando com a notícia dada a ela que eu não assumiria a vaga do banco. Claro que aquilo foi desconcertante para ela, porque era o primeiro projeto de trainee do banco e havia um pesar sobre o investimento realizado. Ela ficou bem desconfortável, mas essa bolsa poderia ser minha grande oportunidade de vida. Um cara que até então mal tinha viajado de avião conseguiu uma bolsa de MBA Internacional e a possibilidade de uma experiência no exterior. Eu estava mais do que decidido, mas, ainda assim, ela argumentou: 'Arlindo, faz o seguinte, vai para a agência e me dá três dias para eu pensar no que farei e como farei.'

Depois dos três dias mais demorados de minha vida, ela me ligou: 'Arlindo, não sei o que acontece, mas você é uma pessoa iluminada! Será o primeiro funcionário da história do banco a ter uma licença não remunerada. Você não receberá salário, mas continuaremos recolhendo os encargos como fundo de garantia e INSS. Aí você vai, faz o curso e, quando voltar, decidimos o que fazer.'

Para mim foi ótimo! Trabalhei até o Natal, embarquei em vinte e sete de dezembro e dia vinte e nove estava fazendo minha primeira aula, já com o planejamento de dia dezoito de dezembro do próximo ano voltar para o banco.

Lá na Espanha, fiz estágio, fui garçom, trabalhei em uma sorveteria e no McDonald's. A empresa parceira da universidade pagava o curso, mas eu precisava de alguma renda para sobreviver e conhecer tudo que eu poderia naquele período. Juntei a oportunidade de estudar, trabalhar em minha área e de fazer um extra para conhecer a Europa. Conheci oito países, ganhei uma experiência que foi muito além do turismo. Fui muito bem recebido na Espanha e nos trabalhos que tive por lá. Até o jogador de futebol, o Messi, tive oportunidade de ver de perto, pois estagiei em um resort cinco estrelas e recebi algumas das delegações mais importantes de equipes europeias, para os jogos da Champions League e do campeonato espanhol, a 'La Liga.'

Embora ao final do ano eu tenha recebido duas propostas para trabalhar e morar lá definitivamente, tinha um compromisso firmado com a instituição e um compromisso com minha namorada Caroline, que hoje é minha esposa. Havia ficado o ano inteiro sem nos vermos, já namorávamos há tempos, mas só estivemos morando na mesma cidade por pouco tempo."

O PREÇO DO "MAL COMBINADO"

Ainda é relativamente comum, seja por relações próximas, de suposta confiança, receio de perder algo conquistado, euforia do momento fazer acordos 'de boca', escritos 'em guardanapos' (veja filme *Eike – tudo ou nada*), em algumas situações, pode inclusive haver plena boa-fé, mas circunstâncias que fogem ao controle, conflitam com o combinado que não estava documentado e, isso, tende a promover conflitos.

"Agora o que vou relatar aqui acho que foi a segunda grande mudança de minha vida, mas meu primeiro grande erro, pois o que eu havia combinado com o banco foi um acordo de cavalheiros, eu não tinha nada assinado. Nesse intervalo de tempo, em uma cirurgia para um transplante, a minha ex-diretora veio a óbito e toda a equipe dela foi trocada, e quando voltei, tive uma grande decepção. Uma pelo estilo de vida que havia me acostumado, que era muito diferente de São Paulo, outra pela notícia do falecimento de minha diretora, e o pior, pela notícia que recebi do banco, que me propôs o que seria na verdade um rebaixamento, pois saí habilitado a assumir uma gerência geral de agência e voltei com uma proposta de ser um gerente de contas, o que, para mim, embora eu estivesse fora há um ano, era incoerente, pois além do banco ter investido em mim no processo de trainee, investiu durante um ano recolhendo meus encargos trabalhistas e estava ganhando um colaborador com um MBA Internacional, aí, quando volto, me propõe um retrocesso!

Argumentei dizendo que acreditaria ser um caminho equivocado. Eu estava lendo aquilo como uma forçada de barra para que eu pedisse demissão. Não fazia sentido a proposta que recebi, mas fique mal com a situação, pois tinha tido a oportunidade de vir para o Brasil e voltar para Espanha com minha namorada e ficarmos lá. Não fiz considerando o compromisso que eu tinha com o banco. O próximo passo foi a proposta de uma transferência para Belo Horizonte, para eu trabalhar um tempo lá e decidir melhor o que queria da vida, mas ali, na verdade, o banco não queria assumir meu pedido de demissão, mas no final das contas, essa transferência para Belo Horizonte foi boa, me deu tempo para esfriar a cabeça e pensar no que faria e ficar mais perto da minha futura esposa Caroline.

Nesse meio tempo, participei de um processo seletivo para a Renner. Era época que grandes empresas aplicavam processos de trainee para liderança e lá vou eu para Porto Alegre, onde a Renner ficava sediada. Claro que minha namorada quis me matar!

Após sete meses no processo de trainee, assumi uma loja em Campo Grande no Mato Grosso do Sul. Fiquei lá dois anos, com sucesso na operação, e ainda deixei uma segunda operação inaugurada. Depois dessa temporada, fui transferido para Campos dos Goytacazes, no norte fluminense, até perto de minha cidade natal, Muriaé."

APARECEU O FRANCHISING

Ao longo de minha carreira, atuando no sistema de franquias, tenho visto raros casos de pessoas que iniciam no segmento, seja como empreendedor franqueado, funcionário de rede de franquias ou mesmo franqueador, que depois deixe de atuar no *franchising*. Arlindo é um desses casos que conheceu o sistema como funcionário de rede de franquias, caminhou pelo lado do franqueado ainda como funcionário de um multifranqueado e acabou colocando o chapéu de franqueado.

"Eu já estava meio cansado da vida de operação de varejo, não tinha muito tempo e qualidade de vida, trabalhava muitos sábados, domingos e feriados, e nessa época aconteceram duas coisas que me deram outros rumos. Fui indicado por um amigo para trabalhar na Portobello Shop e tive aprovação para um programa de mestrado na Universidade Cândido Mendes, e somado a isso, um sonho ainda não realizado que era morar no Rio de Janeiro. Então comecei uma nova vida, com realmente tudo novo: trabalho, atividade e novo endereço, na Portobello fui apresentado ao sistema de franchising, o que me levou a juntar o útil ao agradável, que foi desenvolver minha dissertação de mestrado tendo o franchising como tema, o que me levou a estudar o assunto com muita profundidade. Percebi que no Brasil havia pouca produção de pesquisa e embasamento teórico, diferente do exterior, com muito

material publicado. Tive como apoio um grande amigo e conterrâneo, Juarez Leão, que era meu diretor e me ajudou muito, além da proximidade que tínhamos com Adir Ribeiro, um grande profissional em sua área de atuação, aliás, foi um dos maiores incentivadores, quando falei que escreveria sobre isso, ele inclusive me mandou o livro que tinha publicado recentemente.

Em minha pesquisa, decidi conduzir meu trabalho considerando o uso da econometria como método de decisão e análise no franchising para tomada de decisão do modelo de negócio, marca e segmento para o franqueado. Trabalhei com uma série de variáveis para construir o modelo. Essa pesquisa me trouxe muitos insights e inspirações em relação ao que faz uma franquia ser um negócio de sucesso e, ao final, alcancei aprovação com louvores pelos avaliadores da banca. Próximo a essa época foi quando saí do trabalho, o que contei aqui no começo de nossa conversa, os caminhos que me levaram a empreender, e eu estava completamente inserido no sistema de franquias, então parti para minhas análises e cheguei a três marcas. Uma delas foi a própria Portobello, onde eu já trabalhava, outra foi a CVC Viagens, que fazia algum sentido para quem já tinha viajado tanto como eu, e para minha completa surpresa, por ser algo que eu não tinha afinidade, foi a Sorridents, rede de clínicas odontológicas. Por acaso ou não, minha esposa é dentista e, embora em todo esse processo, até aparecer o nome Sorridents, eu não tenha falado nada com Carol, mas comecei a pensar naquilo. Decidi não contar nada para ela, mas resolvi tomar uma decisão de negócio em cima de uma dessas três marcas."

Existem duas palavras no *franchising* que soam aos ouvidos do franqueado como música. Embora a franquia, como qualquer outro negócio, tenha riscos, no *franchising*, eles são muito menores que em negócios independentes, sobretudo pelas características que definem o sistema. O candidato a uma franquia se coloca em outro patamar de confiança quando ele sente na franquia que está analisando ou tem a percepção de "segurança e solidez", essas duas palavrinhas, quando despertam seu significado no futuro franqueado, o fazem parar para prestar atenção no negócio que ele está sondando. Claro, além da percepção inicial, elas precisam posteriormente serem concretizadas pelo franqueador, isso é validar a reputação construída, e aí existe um valor inestimável!

"Liguei novamente para meu amigo Juarez para pedir ajuda. Ele fazia parte da diretoria da ABF (Associação Brasileira de Franchising) e conhecia muitas redes, então conversei com ele sobre as três redes e ouvi seu ponto de vista sobre cada uma delas, mas sobre a Sorridents, algo me chamou muita atenção na fala do conterrâneo: 'Ó, o que eu posso te falar da Sorridents? É uma empresa enxuta, não é ainda assim uma empresa tão grande e, dependendo de onde você for, terá que trabalhar muito para desenvolver a marca no local e abrir mercado, só que tem uma coisa, a dona da rede é uma baixinha porreta! Aquela ali, quando abraça um negócio, ela vai fundo. Pode ter certeza de que nunca te deixará na mão!'.

Aquilo não me deixou dúvidas de que rumo eu tomaria, só precisava convencer minha esposa, mas ela sendo dentista, a conversa ficou mais fácil e combinamos que ela cuidaria da parte técnica, e todo o comercial e administrativo seria comigo. Só precisaríamos escolher para que cidade iríamos. Pensamos em algumas questões pessoais, como, por exemplo, não querer mais ficar no Rio de Janeiro, especialmente após o sequestro. Estávamos com nossa filha pequena e era pouca a frequência que víamos a família, meus avós e tudo isso somado a um anseio de voltarmos para Muriaé e de alguma forma devolver um pouco do que ganhamos, de gerar empregos para a comunidade local. Daí resolvemos voltar para lá no início de dois mil e dezoito e em vinte e três de abril estávamos começando nossa história como empreendedores, inaugurando nossa primeira clínica. Foi uma decisão de deixar uma carreira consolidada, conforto de um bom salário e recomeçarmos do zero, mas teríamos uma qualidade de vida muito melhor e ainda perto de nossas famílias.

Quando fiz o treinamento na sede da franqueadora em São Paulo, o executivo que estava aplicando o curso falou para mim: 'Ah, você que vai abrir lá naquela cidadezinha do interior de Minas, né? A gente fez o estudo de mercado e o potencial de sua clínica é tantos mil reais.'

Na hora, comecei a fazer contas com base na taxa de retorno e despesas de operação e demais informações que tinha recebido até o momento e falei para ele que alguma coisa estava errada, com a projeção que ele tinha me informado eu não iria a lugar nenhum. Iria ganhar menos que quando eu era funcionário, mas o fato é que meu resultado foi muito, mas muito maior do que o que o rapaz havia me falado! Com um ano e meio da primeira operação, comprei meu principal concorrente na cidade e converti em Sorridents, instalando a segunda unidade, e agora em dois mil e vinte e dois, montei uma Giolaser, clínica especializada em depilação a laser, do mesmo grupo da Sorridents. Nosso faturamento mensal hoje é dez vezes maior do que o que eu recebi como projeção inicial lá quando abri a primeira operação.

Chego à conclusão de que o mercado de franquias pode ser muito maior para as franqueadoras, que uma análise adequada de perfil faz muita diferença. Um bom trabalho de base na seleção custa menos para o franqueador em médio prazo e tende a gerar muito melhor resultado para o negócio. Determinação e olho de dono fazem muita diferença."

LIÇÕES DE VIDA, LIDERANÇA E OLHAR SOCIAL

"Acredito que minha experiência de vida, a oportunidade de ainda muito jovem ter aprendido a vender, de ter que me virar na vida, ter morado em dez diferentes cidades, contribuíram para que eu colocasse meus objetivos e metas acima dos obstáculos que a vida me apresentou. Toda essa movimentação me ajudou a desenvolver disposição ao risco e flexibilidade, que são importantes no empreendedorismo.

Também quero trazer o quanto Caroline, minha esposa, é importante como companheira de vida. Ela me acompanha em todas as nossas mudanças e decisões e confesso que até me espanto de ela não me achar meio louco. As clínicas são bem-sucedidas porque ela está comigo. Hoje empregamos mais de quarenta e cinco pessoas em Muriaé.

Na minha primeira convenção como franqueado Sorridents, já éramos um case de sucesso e fui selecionado para apresentar minha história. Como tinham alguns palestrantes que foram contratados para o evento, prestei muita atenção no que eles tinham falado e como tinham se posicionado, para então apresentar minha vida. Saí da convenção compondo o Conselho de Franqueados como um dos mais votados no processo.

Uma de minhas unidades está todos os meses entre as vinte maiores do Brasil em faturamento, isso em um universo de quase quinhentas clínicas, e eu aqui em uma cidade de pouco mais de cem mil habitantes do interior do Estado.

Quando voltamos para Muriaé, é claro que queríamos dar certo, queríamos crescer, mas nosso objetivo mesmo era trazer para uma cidade pequena o *acesso a tratamentos e atendimentos que as pessoas tinham em uma grande cidade. Claro, queríamos ter uma vida confortável, mas, para isso acontecer, tinha que ser consequência do trabalho. Até hoje, se você for às minhas clínicas durante o dia, me encontrará lá. Chego e cumprimento um por um de meus pacientes. Hoje já não consigo lembrar o nome de todos, mas quando na época que inauguramos, eu, minha esposa e duas secretárias é quem atendíamos, conhecia pessoalmente cada paciente. Hoje elas até reclamam que estão em uma clínica e eu estou na outra, mas sempre estou presente no negócio. Falo para meus funcionários, estamos em uma cidade pequena e isso gera uma cobrança importante, que vem pela simplicidade de nosso cliente.*

Primeiro: somos iguais, gente cuidando de gente, o dinheiro de um não é diferente do outro, devemos tratar todos com carinho.

Segundo: nunca deixem ninguém sem resposta. Se isso acontecer, no supermercado, na missa, o cliente vai me encontrar e eu serei cobrado.

Quando voltei para a minha cidade, trazer minha vivência de quando estive fora agregado ao conhecimento e confiança que as pessoas tinham com nossa família ajudou a construir nossa filosofia de trabalho por aqui. Para ter ideia, nesses cinco anos de clínica, tivemos somente duas demandas jurídicas e nenhuma trabalhista. Até hoje, se necessário, limpo o chão das clínicas, sirvo café e água para meus clientes. Isso leva exemplo de conduta e comportamento para meus funcionários. Lembro de uma frase de José Galló, que foi meu presidente na Renner: 'O exemplo vale mais que mil palavras', então posso ficar falando, martelando na cabeça de meus funcionários, mas se meu discurso é um e minha atitude no dia a dia for outra, não funcionará.'"

Viktor Frankl diz que *"se percebemos que a vida realmente tem um sentido, percebemos também que somos úteis uns aos outros. Ser um ser humano é trabalhar por algo além de si mesmo".* É uma lição que contribui para o encontro do sentido do trabalho, que desenvolve uma perspectiva além do ganho do lucro em si, que, claro, precisa existir até para que possa desenvolver o apoio social de forma concreta, e esse ensinamento é algo plenamente exercitado por Arlindo e sua esposa nas atividades que realizam no entorno de onde possuem as clínicas.

"Como sempre estivemos presentes na comunidade em Muriaé e nossas famílias têm raízes aqui dentro de nosso interesse em servir devolvendo o que recebe-

mos do mundo, também desenvolvemos em nosso negócio uma veia muito social. Quando voltamos, procurei um abrigo de crianças abandonadas aqui da cidade e propus tratar gratuitamente todas elas, sendo mais de sessenta o número total. Até hoje, fazemos todo o atendimento básico até a ortodontia. Não quisemos nos limitar ao básico, pois essa criança já não tem família, é vista de forma diferente, então, uma dentição tratada e um aparelho ortodôntico ajudam para que ela seja inserida na sociedade. É um trabalho silencioso, por se tratar de crianças, nem podemos divulgar, então é puramente trabalho social.

Gosto de tratar minhas coisas com muita seriedade, embora meu pai tenha falecido cedo, comigo ainda menino e de forma trágica, tenho comigo, como estrutura de pensamento, honrá-lo, que a memória dele seja um filho que deu certo, então, não importa que saiba dessas ações, pois eu sei que estão acontecendo e ajudando pessoas.

Outra coisa que faço todos os anos no aniversário da clínica é a escolha de uma instituição de caridade aqui da cidade, e convido minha rede de influência para contribuir. Neste ano, conseguimos angariar duas toneladas e meia de alimentos."

EM HARVARD!

Existem importantes universidades nos Estados Unidos que qualquer pessoa com algum pendor para o meio acadêmico brilha os olhos só de pensar em visitar, imagine um empreendedor com gosto por estudos e desenvolvimento que tem seu trabalho apresentado na Harvard University!

"Uma grande alegria que quero compartilhar aqui é que fomos selecionados para junto com a fundadora da Sorridents, a doutora Carla, a ir representar o caso Sorridents em Harvard. Foi um momento de muita emoção porque simplesmente visitar Harvard, eu poderia ter ido, mas estar lá como convidado para contribuir com meu caso, e apresentar com a fundadora da rede, foi fantástico! Quando cheguei lá e vi o prédio de frente, vieram lembranças do que passei para estar ali e não teve jeito, meus olhos encheram de lágrimas e comecei a chorar. Aquele momento foi muito importante. Estar aqui com você, compartilhando minha vida por indicação da doutora Carla, é outro momento de muita alegria, pois sinto que posso levar bons exemplos de sucesso, trabalho e perseverança para outras pessoas."

O TEMPO NÃO PARA

O tempo é algo que não se recupera, não se guarda, mas o tempo ajuda a aprendermos e evoluirmos. Nessa reflexão, Arlindo compartilha momentos importantes em sua vida que nos ajudam a observar nossos problemas e como lidamos com eles.

"Ah, o que eu não faria se pudesse voltar no tempo, e acho que a única coisa que ficou marcada comigo, mas faz parte da inexperiência que eu tinha na época, foi o desenrolar de minha passagem pelo banco, mas aquele episódio me trouxe muitos aprendizados, principalmente em ampliar minha decisão sobre análise de riscos, mas creio que esse sentimento ficou porque eu gostava muito da instituição.

Agora, acho que o que acertei de verdade foi minha decisão de vida de sempre estudar. O estudo me abriu muitas portas, mas ainda não parei, estou amadurecendo a ideia de um doutorado. Essa decisão de estudos me levou para muitos lugares e muitas experiências, desde a possibilidade de sair de Muriaé para Juiz de Fora, depois São Paulo, Valência, aliás, a Espanha ainda está no meu coração. Digo para Carol que, quando nos aposentarmos, vamos morar em Valência, e ainda teve o Rio de Janeiro, que embora eu estivesse morando em uma cidade de praia, não dava muito tempo de aproveitar, tudo muito corrido. No dia que minha filha nasceu, eu estava na sala de aula, fazendo uma prova do mestrado, ao final, isso me fez chegar aonde estou hoje.

Meio clichê, frase de livro, mas se estivesse hoje olhando o Arlindo de doze anos de idade, diria para ele: 'Acredite nos seus sonhos', só que não basta só acreditar, tem que ir lá e lutar por eles. Só sonhar não faz acontecer.

No começo, por achar que minha cidade era pequena demais para mim, isso me provocou três sonhos:

Um era conhecer o mundo além de Muriaé e consegui: foram dez cidades diferentes que morei, dezoito países visitados e trabalhei em três grandes empresas de segmentos diferentes.

Outro era estudar e fazer meu mestrado.

O terceiro envolvia a realização financeira, material, né? Queria uma vida melhor. Lembro de minha avó, quando eu ainda morava com ela, assistindo ao programa Porta da Esperança, apresentado pelo Silvio Santos, e meu avô ficava me pedindo para escrever uma carta e pedir um trator novo para a roça, mas meu sonho mesmo era um carro esportivo, uma Mercedes conversível, branca!! Ah, isso era meu sonho! Hoje me vejo em condições de comprar o carro que alimentava meus sonhos, mas tenho outros valores de vida e considero isso minha grande realização! Acho que sou muito bem resolvido com isso. Sonhei, corri atrás, sempre joguei limpo, não passei ninguém para trás, não deixei rastros negativos nem um caminho construído por ganância ou má-fé. Nunca fui demitido, sempre saí das empresas por onde trabalhei porque recebi propostas melhores. Outra coisa, em quatorze anos de CLT, só faltei ao trabalho duas vezes, e mesmo assim porque estava realmente muito mal de saúde e com amparo de atestado médico.

Agradeço muito a meus pais, meus avós e minha esposa por tudo que sou.

Para quem está em momento de empreender, planeje-se, estude, se embase. Aí, se entregue, se dedique a fazer as coisas de forma bem-feita e esteja preparado, porque principalmente no começo as dificuldades serão maiores. É necessário não desistir logo de cara. Persevere!"

"O QUE O HOMEM REALMENTE PRECISA NÃO É DE UM ESTADO SEM TENSÃO, MAS SIM O ESFORÇO E A LUTA POR ALGUM OBJETIVO DIGNO DELE."

(VIKTOR FRANKL)

SOBRE A SORRIDENTS

- **Segmento:** saúde, beleza e bem-estar
- **Número de unidades:** 452

A franquia Sorridents é a mais premiada rede de clínicas odontológicas do Brasil.

Fundada em 1995, a rede completou 25 anos e é referência no segmento odontológico, com mais de 4,5 milhões de pacientes atendidos.

O setor de clínicas odontológicas possui uma enorme oportunidade de negócio, existem mais de 20 milhões de brasileiros que ainda não tiveram nenhuma experiência com o cirurgião dentista e esse segmento possui uma das maiores rentabilidades do setor do *franchising*.

- **Site:** https://sorridents.com.br/
- **Fonte:** https://www.portaldofranchising.com.br/

10

METE O PÉ
E VAI NA FÉ!

Marcia do Rosario, uma carioca-alagoana e flamenguista de coração, é multifranqueada da rede First Class em Maceió e Aracaju, atualmente com sete lojas. Pense em uma pessoa de altíssimo astral... agora adicione uma imensa disposição para o trabalho e muita garra! Pois assim é Marcia.

Marcia conheceu o *franchising* de uma forma um pouco diferente. Começou a trabalhar em uma empresa que nem pensava ainda em ser uma franqueadora, como auxiliar de escritório, na exata data de dezoito de março de dois mil e quatro, com um salário de trezentos e quinze reais, que durante a entrevista lembrou de trazer sua carteira de trabalho para mostrar. Quando conversarmos, tinha cinco lojas em atividade, estava a um mês de abrir a sexta loja e em negociação para a sétima loja, que planejava abrir em dezembro de dois mil e vinte e dois.

ACERTANDO A DIREÇÃO

"Eu tinha tudo para ser professora, cheguei a fazer um ano de curso em uma das escolas mais conhecidas do Rio de Janeiro, a Sarah, mas eu vi que não dava para ser professora de jeito nenhum! Eu gostava muito de informática, isso era em idos lá de mil novecentos e noventa e seis, esse negócio do digital, do computador, estava só começando.

Meus pais, minha família, são pessoas muito simples e hoje de vez em quando, quando ouço alguém me dizer que nasci em berço esplêndido, digo que realmente nasci, porque meus pais são pessoas abençoadas. Meu pai é gari da Comlurb (Companhia Municipal de Limpeza Urbana), se aposentou nessa função, e minha mãe é professora, eles se conheceram procurando emprego. Acho que tenho uma família atípica: minha mãe concluiu três cursos universitários e meu pai é semianalfabeto, ou seja, uma família que em dias de hoje teoricamente teria tudo para essa mistura de uma pessoa culta com outra que não tem cultura toda dar errado.

Aprendi muito com meus pais, meu pai é meu espelho, é minha escola da vida e respeito às pessoas, da pessoa mais simples ao presidente de uma empresa, ele trata da mesma forma, e aprendi a respeitá-lo dentro das dificuldades que ele tem. Minha mãe, que já é aposentada, foi funcionária do Estado e do município do Rio de Janeiro."

Marcia recorda-se de quando era mais nova e ajudava a mãe em suas atividades como professora e o quanto havia empenho de uma profissional tão dedicada que muitas vezes utilizava recursos próprios para comprar papel e mimeógrafos, e, principalmente, mantém em sua memória o cuidado especial pelos alunos, o que fez de sua mãe e seu pai as principais referências profissionais e de vida. Cresceu vendo isso na prática, e como se diz: a palavra convence, mas o exemplo arrasta.

Quando completou dezessete anos, Marcia quis começar a trabalhar, e claro que o sonho de sua mãe é que ela se tornasse professora.

"Aí fui para meu primeiro ano do ensino médio estudar magistério, mas aquilo não tinha nada a ver comigo. O 'boom' da informática estava começando e falei para minha mãe que queria mudar, e então transferi minha matrícula para o ensino médio técnico em informática e aos dezessete anos comecei a trabalhar como assistente de suporte técnico em uma empresa muito conhecida na época, a Pimaco Autoadesivos. Eu era o suporte do 0800 e ensinava as pessoas ao melhor uso do produto, como usar os softwares Excel e Corel Draw etc. As pessoas tinham dúvidas e me ligavam. Lembro de um episódio muito interessante, quando cheguei a ensinar um cego a fazer etiquetas e por telefone!! Ele tinha pessoas para ajudá-lo, mas fazia questão de aprender e fazer. E o melhor de tudo, consegui!

Foi uma época muito bacana, mas o suporte técnico, chega uma hora que o estresse é muito grande, pois nem todo mundo trata o funcionário com respeito. Às vezes, as pessoas descontam seu aborrecimento, sua dificuldade ali, naquela pessoa do atendimento que está lá justamente para ajudar."

Nessa época, Marcia estava começando a faculdade de Direito, seguindo seu desejo de tornar-se uma advogada, e como é comum entre a grande maioria dos jovens que estão nessa fase da vida e principalmente estudando uma coisa, mas trabalhando em outro segmento, uma série de ideias e sonhos começou a tomar conta da cabeça de Marcia.

"Embora eu estivesse em uma empresa grande, com um ótimo salário, resolvi sair. Fiz um acordo e pedi para ser demitida. Naquele momento, descobri que estava começando a existir o Tribunal Arbitral e fiquei impressionada com aquilo, pois eu poderia me tornar uma árbitra! Pensei: 'É isso que eu quero!' Eu podia me candidatar mesmo sem ainda ter concluído o curso, só que aí comecei a entender que não era bem o que eu imaginava. Tinha causas muito simples, com ganhos irrisórios para quem era árbitro, e a maioria das causas e acordos feitos ia na direção contrária dos meus princípios, ao que eu acreditava que era o certo, e isso me deixou frustrada, inclusive com o próprio curso de Direito.

Estava me sentindo sem chão, afinal, tinha pedido demissão de uma empresa grande, tomado uma decisão importante, e nessa história de tribunal arbitral, ainda me frustrei com o curso que eu estava fazendo na faculdade."

Segue Marcia em sua saga de procurar um novo emprego. Acabou conseguindo um contrato temporário para dar aulas de informática em um colégio público, mas sabia que ainda não seria ali que seus olhos brilhariam, afinal, dar aulas foi a primeira coisa que teve certeza de que não lhe faria feliz, até mesmo porque era um contrato de tempo certo, por três meses somente, porém ela precisava ganhar algum dinheiro, então topou, contudo, continuou procurando emprego, até que surgiu uma oportunidade na Barra da Tijuca.

"Legal! Lugar maneiro, vou lá ver. Fui lá, fiz a entrevista com um dos sócios, o Orlando. Eram dois donos, o Orlando e o André. A pessoa que cuidava do administrativo tinha tido um problema de saúde e eu fui aprovada para trabalhar lá. Em março de dois mil e quatro, com meu primeiro salário na empresa, no valor de trezentos e quinze reais por mês, trabalhando diretamente com Orlando, um cara muito alto-astral, com quem eu me identificava muito."

Nessa época, a empresa que Marcia começa uma nova jornada, a First Class, não era uma rede de franquias, aliás, nem imaginava que seria. Eram umas quatro ou cinco lojas de artigos de cama, mesa e banho, e umas três lojas que vendiam *lingerie*, a First Class Íntima. André tinha sido representante comercial de empresas como a Hering e a Duloren e possuía boa experiência no segmento. O trabalho de Marcia era conferir o caixa das lojas e apoiar a gestão administrativa em geral.

> *"Era um negócio pequeno, o André, sócio do Orlando, sequer tinha uma mesa. Ele atendia as pessoas do lado de fora, sentado na praça de alimentação do Barra Garden, em uma mesa de café onde atendia os fornecedores. Eu tinha muito pouco contato com ele na época e somente nos cumprimentávamos cordialmente. Ele ficava o dia inteiro ali, na praça de alimentação, cuidando da área comercial, e Orlando cuidava dos contratos e toda parte administrativa da empresa. Tinham funções muito bem definidas, acho que isso fazia dar certo.*
>
> *Trabalhei praticamente dez anos com Orlando cuidando do financeiro da First Class, mas sempre fui muito curiosa e amava o jeito que André lidava com o comercial. Era uma comunicação legal, tinha uma atividade que era o coração da empresa, que era negociar bem as compras. O comercial é onde tudo acontece!! O financeiro é importante, mas não tem muita emoção, é uma rotina predefinida, processos que tornam as atividades automáticas. Eu sempre ficava namorando o que acontecia ali no comercial, sempre me empolgava com aquilo e percebia também que André era muito desorganizado e precisava de alguém para ajudá-lo com isso. Na época, até desviando um pouco de minha função, eu tentava ajudar, mas, na verdade, eu já estava mesmo era querendo entrar naquele mundo, e isso seria uma forma.*
>
> *Passei a ser quase uma assessora pessoal de André, embora Orlando não muito disso, mas eu fazia questão de ajudar, aliás, achava que André não percebia muito esse meu interesse em aprender mais sobre a área comercial, mas, pelo contrário, ele percebia, sim, mas ficava na dele."*

A SEMENTE DO FRANCHISING

Em determinado momento, André e Orlando começaram a observar melhor o sistema de franquias e decidiram formatar a First Class como uma franqueadora. Embora Marcia não tenha seguido a carreira jurídica, ela concluiu o curso, e por já estar há muitos anos no negócio ajudando a cuidar da área administrativa, teve a oportunidade de contribuir com a construção da COF (Circular de Oferta de Franquia) e do contrato de franquia.

> *"Fomos juntando as ideias e chegamos a um modelo de franquias. O primeiro franqueado foi o de Niterói, que teve como razão social 'A Primeira First Class', depois as lojas de Brasília e do Espírito Santo, que eram próprias, passaram a ser franquias. André foi ajudando essas pessoas, dando apoio, às vezes até financeiro, para que iniciassem seus negócios."*

Embora André e Orlando funcionassem muito bem como sócios, eles tinham algumas visões diferentes sobre o futuro. Enquanto Orlando investia sua parte do resultado do negócio em terrenos e no mercado imobiliário, André colocava tudo de volta na First Class, queria fomentar o crescimento das lojas e da marca. Ele já tinha na cabeça algo muito bem desenhado sobre o futuro da empresa.

Com o crescimento da rede, em determinado momento começaram a aparecer investidores interessados em comprar a First Class, mas isso nunca foi um objetivo de André, no entanto, Orlando queria aproveitar as ofertas de compra da empresa, então chegaram a uma situação confusa, pois André queria fazer crescer muito mais a empresa, em vez de vender.

> *"Chegou a ter uma empresa grande que fez auditoria para avaliar a compra da empresa, e a essas alturas eu já não estava mais encantada pelo financeiro e não tinha dúvidas: queria passar a trabalhar com André.*
>
> *Paralelamente à First Class, André decidiu abrir uma importadora como empresa de apoio, e para minha surpresa, me convidou a deixar a First Class e ir trabalhar com ele na importadora, que era uma empresa que tinha ele como único dono. Aí aceitei o convite! Alugamos outra sala, contratamos uma espanhola que falava cinco idiomas e a importadora ficou em nossas mãos. Claro que em toda essa situação meu ex-chefe já estava em conflito com o atual chefe e ainda muito bravo comigo. Acabaram desfazendo a sociedade e André comprou a parte dele, se tornando agora o único dono da empresa (depois viriam outros dois sócios com uma parte muito menor no negócio).*
>
> *A importadora não durou muito, fechou oito meses depois, e todo o foco foi agora direcionado para a First Class, para onde eu tinha voltado, mas*

agora eu não era um apoio administrativo, agora tudo que envolvia a organização e responsabilidades administrativa e financeira da empresa ficava em minhas mãos, e ainda algo mais, pois já existiam mais lojas e comecei a aprender muito mais sobre franquias e varejo. Modéstia à parte, depois de André, eu era a pessoa que mais entendia do negócio, me tornei completamente multitarefa e nesse período comecei a ter acesso ao horizonte do que é o franchising, inclusive a diversidade de perfis de franqueados. Também aprendi a observar melhor os franqueados que davam certo e o que eles faziam, bem como o inverso, quem não ia bem, o que estava fazendo ou deixando de fazer. Toda franquia tem algo bom, mas o franqueado precisa entender o perfil dessa franquia, entender que não vai ficar rico, que não vai poder tirar dinheiro do negócio do dia para a noite. Via as pessoas se deslumbrarem e às vezes meter os pés pelas mãos, faltava consciência da diferenciação de faturamento, fluxo de caixa, giro e lucro, então eu via e ouvia muita coisa, pois eu fazia a interface de comunicação com shoppings e fornecedores.

Via gente chorar porque tinha que tirar filho da escola, estava com plano de saúde atrasado, e isso para mim era bem pesado, mas também me permitia entender e me aprofundar nesse universo, por isso que digo, a pessoa precisa entender esse mundo da franquia, sobre prazo de retorno, fluxo de caixa e outras coisas básicas. Vi isso tudo na prática, mas tinha uma outra frente que eu desconhecia completamente, que era o chão de loja. Nesse espaço, eu sabia nada, meu mundo era composto por contratos, finanças e os 'B.O.s' (B.O. = boletim de ocorrência, problemas) que surgiam disso."

Creio que já tenha sido possível perceber o quanto Marcia estava imersa no negócio First Class e o quanto o fundador do negócio tinha confiança em seu trabalho, seja pelo tempo que estavam na mesma jornada, seja pelo compromisso que havia no dia a dia e cuidado com a marca, que para o fundador de um negócio significa um filho. E como diz o ditado, "quem o filho beija, adoça a boca do pai".

"Estava eu lá no escritório, tocando o dia a dia, resolvendo minhas coisas, quando André chega para mim e diz:
'Olha, Marcia, tô com um problema lá em Maceió e gosto muito dessa praça, ali temos uma das melhores vendas de nossa rede e não quero

perder essa loja. O que você vai fazer para que não percamos esse ponto? É contigo. Eu não sei o que fará, mas entende o que houve, negocia com o shopping, enfim, dá um jeito!'

Pensei, meu Deus do Céu, como será isso? Mas fui lá com meu jeito, conheci o administrador do shopping e fui negociar. Na época, o franqueado tinha uma dívida de trezentos mil reais com o shopping e tínhamos lá uma loja de cento e cinquenta metros quadrados. Eles sugeriram que a loja fosse dividida e a First Class passasse a ocupar somente cinquenta metros, e o restante o shopping venderia o ponto e zeraria a dívida do franqueado. Perfeito!!! Pensei comigo, mas, o que era uma solução que tinha caído no colo do franqueado, ainda exigiu que tivéssemos que negociar com ele para que assinasse, pois ele não queria de jeito nenhum. Esse mesmo franqueado também tinha mais uma loja em outro shopping de Maceió, que ele abriu aos trancos e barrancos, com produtos da coleção passada, enfim, uma loja que estava bem desarrumada.

Ao final, ele assinou o acordo para que ficasse com uma loja de cinquenta metros quadrados e a dívida com o shopping ficasse em dia."

A empresa continuava crescendo e estavam buscando meios da marca se tornar mais conhecida, principalmente fora do Rio de Janeiro. Uma dessas alternativas é a ABF Expo, feira de franquias que acontece em São Paulo e é uma das maiores do mundo no segmento.

"Passado um mês do ajuste de contas lá em Maceió, estávamos fazendo nossa primeira feira de franquias, em São Paulo. Montei o estande, fiz toda a organização, estava tudo lindo, e eu numa felicidade só, aí, durante a feira, eu no meio do estande, André me chamou para dizer que tinha uma pessoa que queria me conhecer. Quando olhei o cartão, vi que era o cara do shopping de Maceió. Eu não o conhecia pessoalmente, pois havíamos falado somente por telefone. Ele havia ido até o estande e falado de mim para André, me elogiou muito, da forma que eu havia conduzido a negociação, me colocou nas nuvens! Eu estava que não me cabia com aquilo! Já estava feliz por ter organizado nossa primeira feira e ainda me deparo com uma situação dessas!!"

Às vezes, você acha que um problema que tratou foi resolvido definitivamente, mas se surpreende ao saber que, na continuidade do processo, a coisa não foi bem assim. A negociação feita por Marcia junto ao shopping, e assinada pelo franqueado, ficou somente no papel. Ao final, ele não fez a loja de cinquenta metros quadrados que havia sido combinada. Não tinha um centavo para fazer. Isso já era próximo ao final do ano e André estava em viagem para visitar as lojas do Nordeste, ao chegar em Maceió, se encontrou com o administrador do shopping, o mesmo do cartão da feira que Marcia fez e havia negociado. André ouviu do administrador tudo o que o franqueado havia feito de danoso à marca, que havia ficado muito machucada naquela praça. O jeito foi o shopping caminhar para o distrato e, no outro shopping, a loja desse mesmo franqueado já estava lacrada, em processo judicial.

NÃO VOU NÃO! (OU VOU?)

"Então, em janeiro, tudo caminhando, André se preparando para ir para uma feira na Alemanha, que ele ia todos os anos, e como eu o ajudava também em suas contas particulares, tinha que resolver os problemas de banco, cartão, essas coisas, fui ao banco com ele. Durante a espera pelo atendimento, perguntei a ele como havia sido em Maceió e ele me perguntou o que eu havia feito, pois o administrador do shopping realmente havia gostado muito de mim e ainda sugeriu que eu fosse para lá para tomar conta das lojas. Eis que ouvi:

'Puxa, Marcinha, eu queria realmente alguém bom nessa praça, mas não queria que fosse qualquer pessoa lá. Eu queria que fosse alguém da gente, assim, que fosse dar valor às lojas, e não queria que fosse um franqueado que já tivesse muitas lojas, queria alguém que realmente se dedicasse, que tivesse nosso DNA. E aí, topa ir para Maceió?'

Nesse momento, me assustei, me surpreendi e minha resposta imediata foi não. Não topo!"

Marcia já fosse casada, morava com seu marido, Adilson, que aliás, até teria chance de transferência, pois trabalhava em um dos maiores bancos do país, com milhares de agências, e tinha uma relação muito próxima com os pais. Era a filha mais velha e era sempre o primeiro apoio deles.

"A curiosidade é que exatamente um ano antes eu estava em férias na praia de Tambaú, que fica em João Pessoa, e ficávamos falando: 'Imagina a gente morando em uma cidade assim, com essa tranquilidade...'

Apesar do 'não' bem claro que respondi para André, aquilo ficou em minha cabeça. No mesmo dia, na hora do almoço, liguei para meu marido e falei para ele sobre a conversa. Perguntei o que ele achava e ele topou na hora! Claro que chamei Adilson de doido e ele perguntou se eu é que estava maluca em recusar uma proposta dessas.

À noite, em casa, conversamos mais. Eu pensei, chorei, fiquei ansiosa e apreensiva. Pensava em como seria me afastar de meus pais, pois me sentia responsável por eles. Embora muito animada com a proposta, e mesmo com a reação inicial de Adilson, ele me deixou muito confortável para a minha decisão, ali mesmo, decidi! Resolvi topar a proposta! Na mesma hora, mandei uma mensagem para André, que estava entrando no avião. Quando ele chegou à Alemanha, respondeu que ao voltar ao Brasil conversaríamos, mas aí eu que fiquei na incerteza, se agora ele iria querer manter a proposta, pois além da minha resposta inicial ter sido um imediato 'não', eu cuidava de muita coisa na First Class. Fiquei em dúvida se ele manteria o convite. Foram quinze dias passando mal de ansiedade."

A ansiedade de Marcia terminaria, ou aí que começaria para valer, quando André voltou de viagem. Ele chamou outros dois sócios que haviam entrado no negócio e falou que precisavam se reorganizar, pois não contariam mais com Marcia no escritório porque ela estava indo para Maceió.

"Em uma semana, minha vida se transformou! Vim para Maceió, arrumei lugar para morar, organizei várias coisas, voltei para o Rio, finalizei o que precisava por lá e vim de vez para Maceió. Inclusive, Adilson conseguiu sua transferência para cá. Algum tempo depois, descobri que o tal 'cara do shopping' era, na verdade, um dos donos do empreendimento. É um dos poucos shoppings do Brasil que ainda não é de uma grande administradora, tive muito apoio dele nesse processo.

Eu não tinha experiência nenhuma em vendas e isso me dava muito medo, mas vim com medo mesmo. Sempre fui muito apaixonada pelo meu trabalho e pela First Class, então segui adiante, pois tinha vontade e brilho no olho!

Principalmente no início, trabalhei muito. Cobria folga de funcionárias do caixa, abria e fechava a loja, me dedicava integralmente. Não queria decepcionar André pela chance que eu tive e com o tempo fui percebendo que sim, tinha que trabalhar, mas passei a ver na prática que grande parte de meu receio na operação da loja era suprido pelo suporte que a franqueadora proporcionava ao franqueado. Como sempre gostei de trabalhar e era apaixonada pela marca, a coisa foi fluindo muito bem.

Meus funcionários, lá do início, estão comigo até hoje. Passei a entender, na prática, o quanto é importante a liderança pelo exemplo. Sempre digo que trabalho para ter fãs da First Class e não somente clientes, e as pessoas conseguem enxergar isso através de minha equipe."

MANDA ESSA TRISTEZA EMBORA.
BASTA ACREDITAR QUE UM NOVO DIA VAI RAIAR

Essa é mais uma história que atravessou o inusitado período de dois mil e vinte, quando o mundo foi impactado pelos efeitos do coronavírus, mas como quem tem garra, como quem não foge da luta e não pode correr, Marcia arrumou soluções para passar por esse momento.

"Foi um período muito difícil para todo mundo e não seria diferente para mim, mas me permiti chorar dois dias, que foram vinte e um e vinte e dois de março, um sábado e domingo, quando todas as lojas fecharam. Pensei, meu Deus, o que vou fazer com meus funcionários, com essas famílias?! Eu estava há dois anos em Maceió, mas ainda tinha muita coisa para fazer. Nessas alturas, eu já estava com duas lojas, porque em situação semelhante a que eu tinha assumido a loja de Maceió, também assumi a loja de Aracaju. E ali, a situação inicial estava pior do que em Maceió, e tive que fazer uma enorme recuperação da reputação da marca, tanto que, em vez de assumir a loja original, abrimos uma nova operação. A anterior estava completamente comprometida, inclusive junto à justiça, por débitos tributários. Ao final, foi fechada por esvaziar a loja, quando recebeu uma notificação judicial de apreensão de bens e mercadorias.

Mais uma vez, trabalhei muito para fazer a marca ganhar credibilidade, aliás, preciso trazer uma coisa aqui. Desde a primeira loja, só consegui realizar porque tive ajuda de André, acho que até por isso, falo tanto dele. Se fosse

*só pela decisão, sem dinheiro eu não conseguiria. Além de fazer minha resci-
são, pagando todas as multas e indenizações, ele emprestou dinheiro para a
abertura da loja, me deu como incentivo o primeiro estoque de presente.*

*Usei minha rescisão para me manter nos primeiros meses, o estoque me
ajudou no giro inicial de mercadorias, e o capital para implantar a loja que
tinha saído de cento e cinquenta para cinquenta metros, ele emprestou o dinheiro. Já na loja de Aracaju, eu tinha conseguido guardar um capital que
me permitia fazer a obra, mas o dinheiro das luvas do ponto comercial novamente só consegui porque ele me emprestou. Já consegui devolver tudo que
havia sido emprestado, com o resultado das lojas e muito trabalho."*

Aí, a pessoa que inicialmente tinha medo de empreender, que nunca tinha
pisado em chão de loja para trabalhar, quando é picada pelo bichinho do empreendedorismo, não para mais.

*"Quando eu estava caminhando para a terceira loja, dessa vez no sho-
pping RioMar, em Aracaju, veio a pandemia. No dia vinte de março, quando
houve o fechamento do comércio, era o início da vigência do meu contrato de
locação. Tudo fechado, contrato começando a correr, Deus, o que faço?*

*A orientação da franqueadora foi que continuássemos a receber merca-
dorias, aliás, eu tinha em trânsito muita mercadoria, porque estava em período de ótimas vendas e com a expectativa de que março fosse o melhor mês de
vendas das lojas, os resultados estavam vindo muito bem! O que eu ia fazer
para pagar essas mercadorias com tudo fechado?"*

Foi um período que afetou em geral todos os segmentos da economia. As
franqueadoras, em sua grande maioria, apoiaram seus franqueados com isen-
ções ou prorrogações de taxas, novos prazos para pagamentos de mercadorias e
royalties, apoio em negociações de contratos e aluguéis e tudo que fosse possível
para sustentação das redes. É um momento em que a solidez e a saúde financeira das franqueadoras e suas unidades franqueadas foram colocadas à prova
talvez como nunca.

*"Nesse momento, o suporte e apoio de minha franqueadora foram
muito importantes. Os prazos de pagamento foram todos renegociados e*

isso ajudou muito os franqueados, mas ainda assim, as mercadorias estavam lá, precisavam ser vendidas. Pensei comigo: terei que me virar. Na segunda-feira, acordei e fui para o shopping. Tudo fechado, deserto, cenário de guerra, todo mundo sem saber o que fazer, mas eu sabia que tinha que salvar meu negócio, então tive uma ideia: enchi meu carro de produtos, levei para casa e comecei a montar exposição em minha casa. Montava minha cama com as peças da loja, fazia uma espécie de showroom no meu quarto, banheiro, cozinha, fazia fotos e postava no Instagram, e isso tudo era um desafio para mim, pois eu não era bem resolvida com minha imagem, pesava quarenta e quatro quilos a mais do que peso hoje, antes de fazer uma cirurgia bariátrica, mas a vontade de sair daquele problema foi maior e a coisa foi andando, fui postando, vendendo, entregando na casa das pessoas, fazendo de tudo, lembro que ouvi de uma outra franqueada que ela não era sacoleira para fazer isso, mas eu tinha consciência de que estava disposta a trabalhar para resolver meu problema. Ficar parada de braços cruzados não resolveria.

Outro caso nessa época foi quando cheguei à casa de uma cliente, perto de um bueiro, ela veio me pagar com várias moedas para complementar o valor, aí, quando abri as mãos para ela colocar o dinheiro, parte caiu no bueiro, outra parte no chão, e abaixei para pegar. Aquele momento foi muito emblemático para mim, pois eu estava ali, me esforçando, mas era meu negócio! Isso para mim era muito importante. Enquanto os outros podem ler isso como algum tipo de humilhação, para mim era a expressão de querer fazer dar certo!!

Em menos de um mês, eu já não dava conta sozinha de vender e fazer as entregas, em menos de dois meses, mesmo com as lojas ainda fechadas, já estava com todos os funcionários de volta porque, com o volume de vendas que eu tinha alcançado, precisava do time em campo novamente. Com lojas fechadas, teve uma delas que, nesse modelo, chegou a vender cento e vinte mil reais em um único mês!!"

A tempestade sempre passa. É mais ou menos intensa, mas passa, e aí, é hora de aproveitar tudo que se aprendeu nela.

"Depois que passou a pandemia, meu Instagram ficou tão robusto que dobrei minhas vendas em relação ao período anterior. O contrato do RioMar

Aracaju havia conseguido renegociar para vigorar a partir de junho, lá, foram cinco meses fechados, e em Maceió foram quatro meses. Em agosto de dois mil e vinte, no dia vinte e sete, inaugurei a loja do RioMar.

Ah, em Maceió, acabei identificando uma nova oportunidade. Como fiz muitas entregas em muitos lugares diferentes, conheci de fato as ruas de Maceió e fui mapeando de onde saíam mais pedidos, ticket médio e outros indicadores, e logo que as lojas voltaram a abrir, falei para André que queria abrir uma nova operação, mas era uma galeria nova, que não tinha nada, no entanto, o valor do aluguel era baixo, só que sem fluxo de pedestres, somente de carros, o que contrariava completamente o conceito de bom ponto para a loja First Class, mas afirmei que faria funcionar bem ali, pois faria o direcionamento pelo meu Instagram, tinha certeza de que eu faria dali um ponto de destino. Claro que o que ouvi é que eu estava doida! O local era um galpão com mais de cento e sessenta metros quadrados e ele ainda me sacaneou dizendo que o lugar parecia um caixão, pelo formato que tinha, mas eu tinha muita crença que funcionaria, afinal, tinha feito muita entrega na região, então sabia que tinha demanda pelos produtos. Enfim, ainda com alguma desconfiança da franqueadora, consegui aprovação e ali virou meu xodó!!

Organizei uma loja de sessenta metros quadrados e no espaço que restou fiz meu escritório, um banheiro instagramável, um depósito, uma cama para decorar e fotografar, um café e espaço para servir bolo para as clientes. Tenho um custo de ocupação superacessível, que representa 3,6% da minha venda média e consigo operar com somente duas funcionárias. Hoje, esse espaço, além de me permitir trabalhar muito à vontade, me deixa muito mais resultado do que uma loja de shopping, e como é muito trabalhado pelo Instagram, me ajuda também a levar fluxo para outras lojas e ainda me serve de apoio como estoque para as outras operações, além disso, ainda há bastante o que crescer em vendas.

Foi um período muito desafiador, mas muito feliz. Eu estava dedicando muita atenção a mim mesma, a minha saúde, e isso me permitia associar minha imagem, esse cuidar, com a marca, assim surgia a quarta loja, e depois a quinta, que foi a do shopping Pátio Maceió, e estou abrindo mais uma operação galeria."

Muito trabalho, muitos perrengues e aprendizados, mas também com recompensas. A família do esposo de Marcia é de Natal, capital do Rio Grande do Norte, e com alguma frequência eles visitam Natal e a família. Marcia sente-se muito feliz pela qualidade de vida e realizações que vem conseguindo. Em dois mil e vinte e dois, ela e Adilson adquiriram seu primeiro apartamento, em um lugar lindo de frente para o mar verde de Maceió. Foi realmente a realização de um sonho, mas Marcia lembra que isso só veio depois de quatro anos, a partir da mudança do Rio de Janeiro e não de uma hora para outra, foi uma transição feita com pés no chão, com cautela.

"Acho que meu maior acerto nessa história foi ter aceitado o desafio de vir para uma cidade onde eu não conhecia nada, mas acreditei muito na marca e o quanto ela transformou a vida de muitas pessoas, então isso sempre foi muito inspirador para mim, acho que foi o maior acerto de minha vida! Hoje tenho um padrão de vida radicalmente diferente do que eu tinha. Também foi necessário que eu acreditasse em mim, na minha vontade, em meu brilho nos olhos, e isso fez a diferença, somando a ter André, que foi um verdadeiro anjo da guarda em minha vida."

Marcia chega a ter dificuldade em identificar algo que se arrepende de não ter feito, afinal, sempre encarou as coisas e brinca dizendo que seu pensamento é: *"Deus segura a onda aí, porque tô chegando, coloca o chão aí que eu tô andando, confio em ti e vamo embora!"*. É mulher de fazer e não de não fazer!

"Agora, também sempre tive consciência, e talvez eu deixe aqui como uma mensagem, que a marca não anda sozinha, o contrário do que ainda muitos franqueados ou pessoas que pensam em ser franqueados imaginam. É um trabalho de mãos dadas, tem que ser assim, e o franqueado trabalha tanto quanto a franqueadora, tem que estar ali para tudo. Você, franqueado, é que está no dia a dia, você que está cara a cara com seu cliente, até para que você possa passar informações assertivas para a franqueadora de forma que ela possa ajudá-lo. Você precisa saber sua realidade local, pois as regiões são diferentes e se eu, como franqueada, não me conectar com a franqueadora, por mais que ela entenda o todo, cada caso, cada região tem suas particularidades, por isso essa relação tem que ser construída pelos dois lados, tem que

ter esse diálogo constante, e vai trabalhar, aliás, trabalhar muito, e se houver brilho no olhar e vontade de fazer dar certo, isso fará muita diferença.

Ah, não ache que ficará milionário da noite para o dia, que pode ter achado um negócio da China, porque não é bem assim, por melhor que seja o negócio ou segmento. É com calma, com constância, muita dedicação e serie-dade. Precisa se identificar com a marca, com o produto. Se não houver essa identificação, nem começa, nem entra porque não vai dar certo. Se estiver só olhando o dinheiro, a última linha do DRE, não é isso, não vai achar o que te fará feliz, porque o trabalho com o comércio tem que ir além do dinheiro, se for somente pelo dinheiro, está errado, porque aí a tendência é não haver diálogo, não haver alinhamento, fica uma relação somente baseada em nú-meros, e não é assim que funciona na prática. Se você não tem uma via de comunicação com a franqueadora, como franqueado não conseguirá ajudar e nem ter ajuda, por exemplo, em uma campanha de forma mais atrativa para a sua região, você não conseguirá atingir seu público. Até mesmo quando você tem outras unidades no mesmo Estado, mas em bairros ou regiões distin-tas da cidade, é diferente. São públicos diversos, você precisa retroalimentar a franqueadora com informações. Ela dará a você todo o suporte, porque existe know-how do negócio para ser transmitido, tem toda uma estrutura para isso, mas se você não estiver ali, ajudando, não funciona.

Precisa saber que tem que falar e ouvir o que a franqueadora fala, seguir o DNA da rede, saber ouvir e aceitar as críticas, pois quem sabe conduzir o negócio é a franqueadora. Claro, também existem erros, mas não adianta querer só jogar pedra no franqueador, tenho que ajudar com críticas constru-tivas, afinal, o sucesso da franqueadora está no sucesso da rede. Sei disso, já vivi tanto um lado como o outro."

Para nos atualizarmos no momento desta conversa tão rica e cheia de *insights*, Marcia possuía cinco lojas em operação, com outras duas em andamento. Eram três em Alagoas e duas em Sergipe, sendo que mais uma estava sendo negociada para Maceió e mais outra já sendo feita para Sergipe, o que nos próximos meses completarão sete lojas em funcionamento. Ela nos conta que existe uma tradição na rede, que é batizar as lojas de acordo com a história de cada uma delas, por exemplo: "Mete o pé e vai na fé", "Se melhorar, estraga", "Nada resiste ao trabalho", "Mudei para melhor" e "Tinha que ser com você".

"Quando eu vim para cá, lembrei daquele pagode do grupo Revelação, 'Tá escrito', que na letra tem um trecho que diz: 'Mete o pé e vai na fé', e a razão social da minha primeira loja é justamente esse trecho da música. Sempre gostei dessa canção porque tinha tudo a ver com a história da loja, aí as próximas que virão serão 'Sorrir e agradecer' em Maceió e 'Mire as estrelas' em Aracaju, que também são nomes e trechos de músicas. 'Mire as estrelas' é uma música linda de uma banda gospel, sou católica e gosto muito dessa banda, é a história de uma menina que queria ser astronauta, que tinha que acreditar muito nela mesmo, de superar muita coisa, e a música traz essa trajetória, no final, ela decolando em um foguete, e essa trajetória me traz lembranças, especialmente de quando eu decidi fazer um MBA em Gestão Empresarial, após ter concluído a faculdade de Direito. Era um ambiente composto por noventa por cento de público masculino, pessoas de empresas gigantescas que bancavam para eles estudarem, e no início do curso enfrentei um pouco de olhares diferentes, mas depois de observarem minhas notas e meu desempenho, entenderam quem eu era. Sou bem resolvida com isso.

Ainda aqui sobre os nomes das lojas, tem uma curiosidade. Na última semana, eu estava em Aracaju na loja 'Mire as estrelas' e o shopping estava promovendo uma exposição sobre o espaço sideral e elementos como a lua, estrelas, planetas, e esse shopping colocou um lugar para as pessoas tirarem foto colocando o rosto, como se fossem astronautas. Claro que eu não perderia a oportunidade de tirar essa foto. Nunca algo fez tanto sentido! Minha última loja se chama 'Clareou' e a próxima já tem nome: 'Mereço ser feliz!'"

Ah, Marcia, merece sim, e como merece!!

"OITENTA POR CENTO DO SUCESSO NA VIDA É DAR AS CARAS."
(WOODY ALLEN)

SOBRE A FIRST CLASS

- **Segmento:** casa e construção
- **Número de unidades:** 209

A First Class nasceu da união e vocação empresarial de seus dois sócios, André Pivetti e Orlando Pedro.

Ambos com histórias de vida bem distintas, mas que resultou em uma parceria de sucesso. Com 14 anos no mercado de cama, mesa e banho, a carioca First Class possui hoje mais de 200 lojas disseminadas pelo Brasil.

A parceria resultou em novas lojas, mas o sucesso de fato só se concretizou depois de alguns anos de muito trabalho e adaptações às exigências do mercado. As oscilações econômicas do país e as dificuldades de dar uniformidade à rede e de contrabalançar os custos foram os maiores desafios. Várias mudanças foram feitas para impulsionar os negócios até formar um grupo financeiramente equilibrado e comercialmente lucrativo.

Com isso, a sociedade que até então comportava a mesma supramencionada, em 2014, com a saída do sócio Orlando Pedro, integra-se a sociedade junto a André Pivetti, a figura atual do seu novo sócio, Sérgio Lombardi, cuja experiência têxtil é de aproximadamente 20 anos administrando a fábrica da Bouton, com sede em Brusque-SC, licenciada e exclusiva da marca Buettner do segmento cama, banho e importados, e vem a somar e muito nessa nova empreitada. Antes somente com um olhar fabril, agora alinha essa estratégia comercial com os pontos de venda, formando uma parceria estratégica de sucesso.

- **Site:** https://www.firstclass.com.br/
- **Fonte:** https://www.portaldofranchising.com.br/

11

ORIENTAÇÕES PARA VOCÊ EMPREENDER PELO SISTEMA DE FRANQUIAS

Agora que chegou até aqui, se você se interessou em ser um franqueado de alguma das milhares redes de franquias existentes no Brasil, compartilho algumas orientações que poderão ajudá-lo a tomar sua decisão de forma mais assertiva.

São tópicos relevantes, mas pontuais, e com abordagem resumida, para um pouco mais de detalhamento recomendo conhecer o livro *Franquias: tudo o que você precisa saber*, que tive a alegria de publicar antes deste.

1. Escolha e identificação com o segmento

Esse talvez seja o aspecto mais importante na escolha da rede que você será um parceiro. É comum as pessoas pensarem que serão ótimas empreendedoras por gostarem de ter aquela atividade como um lazer. Até pode ser, mas não por sua predileção do segmento como prática de lazer, por exemplo, não é pelo fato de adorar viajar que sua melhor vocação será ser um franqueado de uma rede de agências de viagens; não é por você adorar organizar e limpar sua casa que sua melhor vocação será ser um empreendedor em uma rede de agências de serviços domésticos ou, lendo da mesma forma, caso você goste de frequentar restaurantes e esse hábito em relação a ser um franqueado de uma rede de alimentação.

2. Modelos existentes (loja, quiosque, loja contêiner, outros modelos)

O segmento e rede que você está pesquisando possuem diversidade de modelos de negócios? Dentro desses modelos, existem particularidades contratuais ou na operação do negócio? O que faria ser mais interessante você escolher um quiosque em vez de uma loja?

3. Local que você tem melhor adequação (unidade de rua ou quiosque)

Esse é outro aspecto relevante em sua escolha. Não há certo ou errado. Existe quem prefira operar em uma unidade de rua por sentir-se mais à vontade, por usualmente ter menores custos de ocupação, mais proximidade com a clientela etc. Em contrapartida, há quem opte por uma operação em *shopping* ou galeria comercial por valorizar a segurança do local, a mídia que normalmente o empreendimento realiza, o maior período de funcionamento.

4. Política de comercialização em canais digitais

Considerando toda a diversidade de canais de comercialização existente em dias de hoje, tais como venda direta, *e-commerce* da marca, *marketplaces*, pontos de retirada de produtos, parceiros de varejo etc., é importante que você saiba a atual abrangência da marca, onde você poderá atuar, o que passa pelo canal franquias e como é a remuneração das unidades franqueadas do que é comercializado em outros canais.

5. Entendimento do mercado e concorrência existente

Tente ter acesso ao mercado existente do segmento que você optou. Por exemplo: no Brasil, o mercado de alimentação fora do lar é de R$ XXX bilhões. Desse mercado, a rede que você pretende ser um franqueado possui X% ou o mercado do ensino de idiomas no Brasil é de R$ XX bilhões, existem atualmente XX redes de escolas de inglês, a maior delas ocupa XX% do mercado e a rede que você está pesquisando ocupa X%. Isso contribui para você entender o tamanho do mercado, competitividade e espaço que a rede que você passará a fazer parte tem para conquistar.

6. Histórico e tempo de existência da rede

Procure saber a evolução da rede, sua história, sua cultura, seus valores, enfim, aspectos que contribuam para validar sua confiança na marca. Uma rede mais madura, mais sólida, tende a oferecer um negócio mais consolidado e formatado, porém com pouco espaço para modificação, criação e ideias do franqueado; já uma rede ainda em desenvolvimento tende a ter mais espaço para criação e participação do franqueado, no entanto, pode ser uma rede com menor solidez e estabilidade.

7. Compreensão do perfil de franqueado demandado pela rede e o que se espera como papel do franqueado

O perfil ideal é algo que a Circular de Oferta de Franquia trará, inclusive por força de lei, mas o que me refiro aqui é algo mais prático, algo que permita você saber exatamente o que precisará possuir como características e fazer durante a operação para que seja um franqueado de sucesso da rede escolhida, o dia a dia mesmo. Isso requer sinceridade e maturidade da franqueadora, e uma boa fonte de obter essa compreensão é observando e, se possível, passando um ou alguns dias em uma operação franqueada da rede.

8. Situação da marca perante o INPI

O INPI (Instituto Nacional da Propriedade Industrial) faz o registro de marcas e patentes. Em uma rede de franquias, a marca é um de seus maiores ativos. Imagine que você adquire a franquia e, no meio do caminho, a marca que identifica essa rede perante o mercado não possa ser mais utilizada. Na maioria das vezes, ou a franqueadora já é detentora da marca ou está em processo de registro. Você pode até decidir se juntar a uma rede que ainda não é detentora definitiva da marca, mas que seja por decisão e não por falta de informação.

9. Análise do capital disponível e investimento requerido para o negócio

Aqui há algo definitivamente que é para ter frieza na análise. Empreender traz consigo empolgação, ansiedade, mas fazer um negócio com capital no limite, ou pior, inferior ao necessário, pode comprometer a continuidade antes mesmo de seu nascimento. Existem franqueadoras que permitem ao franqueado iniciar o empreendimento com parte do capital financiado por bancos, que por sua vez, considerando os índices de sucesso do sistema de franquias e menor risco, fixam taxas menores para esse tipo de financiamento. Não é proposta aqui estabelecer "receita de bolo", mas é saudável pensar o quanto você dependerá do negócio para sustento de sua família nos primeiros 12 a 24 meses de operação e o quanto isso pode comprometer seu empreendimento.

10. Análise do comportamento de vendas, sazonalidade e necessidade de capital de giro para a operação

Conheça o comportamento de vendas do negócio que você está pensando em fazer. Por exemplo, tem vendas mais acentuadas no período do verão? Se for isso, qual a melhor época para a abertura? Mas se esperar para abrir, ainda terá a praça disponível? É um negócio que permitirá retirada mensal ou somente após um semestre ou um ano? Considerando a sazonalidade e o volume de compras para esse período, qual a política de prazo de pagamento da franqueadora?

11. Visita a unidades franqueadas e conversas com franqueados

É, ou deveria ser natural que antes de fechar negócio, aliás, no início da análise do negócio, você conversasse com outros franqueados, mas a maioria das pessoas ainda não faz isso, porém você fará! Converse com franqueados de diferentes estágios de maturidade. Por exemplo, um franqueado que está na rede há menos de dois anos, outro que está entre dois e cinco anos e outro que está há mais de cinco anos. Compreenda como são atendidos, como é a percepção do suporte recebido por cada um, com o mais antigo, como ele percebe a evolução na franqueadora e outros assuntos, mas atenção, tenha também filtro no que receber, pois pode haver um franqueado que, por sentimento recente, não lhe fale boas referências, ainda que na maior parte do tempo estivesse satisfeito com o negócio, pode ter outro que encare você como concorrente, e aí, não traz também boas referências. Três exemplos de perguntas interessantes são se eles estariam dispostos a vender o negócio para você, se voltassem ao passado abririam novamente aquela franquia e por que não abrem mais lojas.

12. Análise do percentual médio de repasse na rede

É uma referência importante no que diz respeito à satisfação do franqueado com o negócio. Um parâmetro pode ser o que normalmente é informado publicamente no site da ABF (Associação Brasileira de Franchising) em matérias e estatísticas sobre o tema. Em geral, o mercado considera que quando o número de unidades em repasse de determinada rede é superior a 7% do total existente, há um sinal amarelo, mas atenção, é a venda mesmo, não aquele que hoje quer vender e amanhã não quer mais, depois que, de novo, depois não quer mais.

13. Análise do histórico de fechamento das unidades

É natural que, ao longo de sua história, qualquer rede tenha fechamento de unidades, no entanto, o volume e os motivos dos fechamentos podem fazer muita diferença na análise da franquia que você escolherá. Uma coisa são fechamentos que ocorrem e independem do controle do franqueado ou do franqueador, como, por exemplo, um dono de imóvel que resolve não renovar o contrato porque fará nesse imóvel um negócio para ele ou para um familiar, ou ainda, como já presenciei, um dono de imóvel que possuía três lojas alugadas para diferentes comerciantes em um grande terreno, que foi vendido para uma construtora que decidiu erguer um prédio no local, outra coisa é um determinado volume de encerramento de atividades por inviabilidade do negócio, por insatisfação da rede franqueada ou mesmo por problemas financeiros do próprio franqueador que levaram os franqueados a encerrarem suas operações como consequência de falta de abastecimento e suporte.

14. Compreensão do potencial de expansão e política territorial da franqueadora

Se você entra em uma rede convicto de que abrirá somente uma unidade, pode até pensar que está tudo bem em não se preocupar com a política de expansão da rede, pois você não irá mesmo abrir mais operações, mas veja bem, e os outros franqueados e o franqueador? Será que não serão abertas outras unidades em "sua" área?

Pense também em outra situação, você entra no negócio pensando em um prazo de cinco anos, abrir pelo menos cinco unidades daquela rede, mas há espaço para isso? Você poderá combinar esse plano com seu franqueador para que possa ser executado antes que outra pessoa abra?

15. Análise da COF (Circular de Oferta de Franquia)

Se necessário, faça isso com o apoio de um advogado e um contador. A COF é um documento exigido pela lei de franquias que determina que ela seja entregue ao candidato à franquia com período mínimo de dez dias de antecedência em relação à assinatura do contrato de franquia. Costumo dizer que, se eu fosse resumir a função da COF em uma frase, seria: informar para decidir.

Embora usualmente as COFs sejam elaboradas com linguagem acessível, para quem está iniciando sua jornada no sistema de franquias, esse é um documento novo, regido por legislação específica. Não, nem todas as pessoas precisam de um advogado para sua leitura, mas é aconselhável. Pense que você está realizando seu projeto de vida, então o investimento na adequada leitura desse documento é fundamental. Você pode até não fazer negócio ou fazer negócio com alguns pontos de discordância, só não vale fazer negócio sem ler a COF ou assinar sem ter entendido.

16. Análise da minuta do contrato de franquia

A lei de franquias determina que um dos anexos da COF seja a minuta do contrato de franquia, justamente para que o candidato tenha acesso aos termos do contrato que receberá nos próximos dias, mas, com esse acesso, já conhecerá o documento que assinará ou nem receberá caso não esteja de acordo com o que reza a minuta do contrato. Também é recomendável que tenha alguém com alguma experiência em franquias ou um advogado para apoiar você nessa leitura.

17. Pesquisar o CNPJ da franqueadora e empresas coligadas

A legislação exige que conste na COF pendências judiciais da franqueadora com temas ligados diretamente ao negócio, no entanto, em uma pesquisa no CNPJ da franqueadora, você poderá verificar demais pendências financeiras, protestos, dívidas, ações judiciais que, de acordo com sua existência ou não, poderão fazer diferença em seu entendimento sobre a saúde financeira e governança da empresa que você está analisando para escolher como sua parceira de negócios.

18. Entendimento da forma de remuneração e taxas requeridas pela franqueadora

É importante que você entenda como são cobrados os *royalties* e outras taxas. Por exemplo, *royalties* de 5%, tendo como base o faturamento da unidade franqueada, podem ser mais altos que uma taxa de *royalties* de 30% que tem como base as compras na franqueadora, ou seja, não pare somente no número apresentado, se aprofunde um pouco mais.

19. Compreensão sobre o abastecimento de produtos e insumos para a rede

Mesmo que você tenha decidido atuar em um negócio de serviços em vez de venda de produtos, existirão insumos a serem adquiridos, e se for uma franquia de venda de produtos, aí esse item se torna ainda mais relevante. Os produtos e insumos são fornecidos pela própria franqueadora? A franqueadora é a fabricante? Sendo ela a fabricante ou contando com fornecedores de parceiros, existe capacidade produtiva e de distribuição para que você seja abastecido regularmente? Existe pedido mínimo, e este mínimo é compatível com seu plano de negócios?

20. Qual o suporte e treinamento oferecidos pela franqueadora?

Você terá visitas presenciais de um consultor de campo da franqueadora? Terá suporte remoto? Esse suporte lhe oferecerá apoio técnico e de gestão? A franqueadora possui um SAF (Serviço de Apoio ao Franqueado)? Caso necessário, você poderá ter acesso a outros níveis de gestão da franqueadora?

21. Treinamento oferecido pela franqueadora

Existe um plano de treinamento e formação para franqueado e funcionários da rede que vão além do treinamento inicial? Os treinamentos possuem algum custo para o franqueado?

22. Programa de excelência?

Existe um programa de excelência que oriente de forma equitativa e meritocrática toda a rede? Com base nesse programa de excelência, existem premiações, reconhecimentos e sanções para o franqueado de acordo com seu desempenho?

23. Condições para renovação contratual

Quais são as exigências para que o contrato do franqueado seja renovado? E o que poderia fazer com que o contrato não fosse renovado? Existe previsão de taxa de renovação no contrato de franquia (isso é muito comum), e caso exista, ela é efetivamente exercida? Qual o índice de contratos não renovados na rede (atenção, pois é diferente do índice de fechamento, porque uma unidade não renovada pode ser repassada)?

24. Atualização e modernização de *layout* e mobiliário

A cada quantos anos é realizada a renovação de *layout* da unidade franqueada? Em que vulto é feita? Sempre completa ou com modernizações parciais com preservação do modelo e em intervalos maiores à reforma completa com troca de mobiliário? O franqueado apoia de alguma forma?

25. Condições para o repasse da operação

Caso, em algum momento, por quaisquer motivos, você decida repassar sua unidade franqueada, quais são as condições para isso? O franqueador apoia de alguma forma? Quem determina o preço e em que condições para o repasse da unidade?

Importante, lembrar que cada caso é único e que a decisão de empreender em uma determinada marca deve ser tomada com base em uma análise cuidadosa e individualizada de cada oportunidade.

LEI DE FRANQUIAS

LEI Nº 13.966, DE 26 DE DEZEMBRO DE 2019

Vigência

Dispõe sobre o sistema de franquia empresarial e revoga a Lei nº 8.955, de 15 de dezembro de 1994 (Lei de Franquia).

O PRESIDENTE DA REPÚBLICA Faço saber que o Congresso Nacional decreta e eu sanciono a seguinte Lei:

Art. 1º Esta Lei disciplina o sistema de franquia empresarial, pelo qual um franqueador autoriza por meio de contrato um franqueado a usar marcas e outros objetos de propriedade intelectual, sempre associados ao direito de produção ou distribuição exclusiva ou não exclusiva de produtos ou serviços e também ao direito de uso de métodos e sistemas de implantação e administração de negócio ou sistema operacional desenvolvido ou detido pelo franqueador, mediante remuneração direta ou indireta, sem caracterizar relação de consumo ou vínculo empregatício em relação ao franqueado ou a seus empregados, ainda que durante o período de treinamento.

§ 1º Para os fins da autorização referida no caput, o franqueador deve ser titular ou requerente de direitos sobre as marcas e outros objetos de propriedade intelectual negociados no âmbito do contrato de franquia, ou estar expressamente autorizado pelo titular.

§ 2º A franquia pode ser adotada por empresa privada, empresa estatal ou entidade sem fins lucrativos, independentemente do segmento em que desenvolva as atividades.

Art. 2º Para a implantação da franquia, o franqueador deverá fornecer ao interessado Circular de Oferta de Franquia, escrita em língua portuguesa, de forma objetiva e acessível, contendo obrigatoriamente:

I – histórico resumido do negócio franqueado;

II – qualificação completa do franqueador e das empresas a que esteja ligado, identificando-as com os respectivos números de inscrição no Cadastro Nacional da Pessoa Jurídica (CNPJ);

III – balanços e demonstrações financeiras da empresa franqueadora, relativos aos 2 (dois) últimos exercícios;

IV – indicação das ações judiciais relativas à franquia que questionem o sistema ou que possam comprometer a operação da franquia no País, nas quais sejam parte o franqueador, as empresas controladoras, o subfranqueador e os titulares de marcas e demais direitos de propriedade intelectual;

V – descrição detalhada da franquia e descrição geral do negócio e das atividades que serão desempenhadas pelo franqueado;

VI – perfil do franqueado ideal no que se refere à experiência anterior, escolaridade e outras características que deve ter, obrigatória ou preferencialmente;

VII – requisitos quanto ao envolvimento direto do franqueado na operação e na administração do negócio;

VIII – especificações quanto ao:

a) total estimado do investimento inicial necessário à aquisição, à implantação e à entrada em operação da franquia;

b) valor da taxa inicial de filiação ou taxa de franquia;

c) valor estimado das instalações, dos equipamentos e do estoque inicial e suas condições de pagamento;

IX – informações claras quanto a taxas periódicas e outros valores a serem pagos pelo franqueado ao franqueador ou a terceiros por estes indicados, detalhando as respectivas bases de cálculo e o que elas remuneram ou o fim a que se destinam, indicando, especificamente, o seguinte:

a) remuneração periódica pelo uso do sistema, da marca, de outros objetos de propriedade intelectual do franqueador ou sobre os quais este detém direitos ou, ainda, pelos serviços prestados pelo franqueador ao franqueado;

b) aluguel de equipamentos ou ponto comercial;

c) taxa de publicidade ou semelhante;

d) seguro mínimo;

X – relação completa de todos os franqueados, subfranqueados ou subfranqueadores da rede e, também, dos que se desligaram nos últimos 24 (vinte quatro) meses, com os respectivos nomes, endereços e telefones;

XI – informações relativas à política de atuação territorial, devendo ser especificado:

a) se é garantida ao franqueado a exclusividade ou a preferência sobre determinado território de atuação e, neste caso, sob que condições;

b) se há possibilidade de o franqueado realizar vendas ou prestar serviços fora de seu território ou realizar exportações;

c) se há e quais são as regras de concorrência territorial entre unidades próprias e franqueadas;

XII – informações claras e detalhadas quanto à obrigação do franqueado de adquirir quaisquer bens, serviços ou insumos necessários à implantação, operação ou administração de sua franquia apenas de fornecedores indicados e aprovados pelo franqueador, incluindo relação completa desses fornecedores;

XIII – indicação do que é oferecido ao franqueado pelo franqueador e em quais condições, no que se refere a:

a) suporte;

b) supervisão de rede;

c) serviços;

d) incorporação de inovações tecnológicas às franquias;

e) treinamento do franqueado e de seus funcionários, especificando duração, conteúdo e custos;

f) manuais de franquia;

g) auxílio na análise e na escolha do ponto onde será instalada a franquia; e

h) leiaute e padrões arquitetônicos das instalações do franqueado, incluindo arranjo físico de equipamentos e instrumentos, memorial descritivo, composição e croqui;

XIV – informações sobre a situação da marca franqueada e outros direitos de propriedade intelectual relacionados à franquia, cujo uso será autorizado em contrato pelo franqueador, incluindo a caracterização completa, com o número do registro ou do pedido protocolizado, com a classe e subclasse, nos órgãos competentes, e, no caso de cultivares, informações sobre a situação perante o Serviço Nacional de Proteção de Cultivares (SNPC);

XV – situação do franqueado, após a expiração do contrato de franquia, em relação a:

a) *know-how* da tecnologia de produto, de processo ou de gestão, informações confidenciais e segredos de indústria, comércio, finanças e negócios a que venha a ter acesso em função da franquia;

b) implantação de atividade concorrente à da franquia;

XVI – modelo do contrato-padrão e, se for o caso, também do pré-contrato--padrão de franquia adotado pelo franqueador, com texto completo, inclusive dos respectivos anexos, condições e prazos de validade;

XVII – indicação da existência ou não de regras de transferência ou sucessão e, caso positivo, quais são elas;

XVIII – indicação das situações em que são aplicadas penalidades, multas ou indenizações e dos respectivos valores, estabelecidos no contrato de franquia;

XIX – informações sobre a existência de cotas mínimas de compra pelo franqueado junto ao franqueador, ou a terceiros por este designados, e sobre a possibilidade e as condições para a recusa dos produtos ou serviços exigidos pelo franqueador;

XX – indicação de existência de conselho ou associação de franqueados, com as atribuições, os poderes e os mecanismos de representação perante o franqueador, e detalhamento das competências para gestão e fiscalização da aplicação dos recursos de fundos existentes;

XXI – indicação das regras de limitação à concorrência entre o franqueador e os franqueados, e entre os franqueados, durante a vigência do contrato de franquia, e detalhamento da abrangência territorial, do prazo de vigência da restrição e das penalidades em caso de descumprimento;

XXII – especificação precisa do prazo contratual e das condições de renovação, se houver;

XXIII – local, dia e hora para recebimento da documentação proposta, bem como para início da abertura dos envelopes, quando se tratar de órgão ou entidade pública.

§ 1º A Circular de Oferta de Franquia deverá ser entregue ao candidato a franqueado, no mínimo, 10 (dez) dias antes da assinatura do contrato ou pré-contrato de franquia ou, ainda, do pagamento de qualquer tipo de taxa pelo franqueado ao franqueador ou à empresa ou à pessoa ligada a este, salvo no caso de licitação ou pré-qualificação promovida por órgão ou entidade pública, caso em que a Circular de Oferta de Franquia será divulgada logo no início do processo de seleção.

§ 2º Na hipótese de não cumprimento do disposto no § 1º, o franqueado poderá arguir anulabilidade ou nulidade, conforme o caso, e exigir a devolução de todas e quaisquer quantias já pagas ao franqueador, ou a terceiros por estes indicados, a título de filiação ou de *royalties*, corrigidas monetariamente.

Art. 3º Nos casos em que o franqueador subloque ao franqueado o ponto comercial onde se acha instalada a franquia, qualquer uma das partes terá legitimidade para propor a renovação do contrato de locação do imóvel, vedada a exclusão de qualquer uma delas do contrato de locação e de sublocação por ocasião da sua renovação ou prorrogação, salvo nos casos de inadimplência dos respectivos contratos ou do contrato de franquia.

Parágrafo único. O valor do aluguel a ser pago pelo franqueado ao franqueador, nas sublocações de que trata o caput, poderá ser superior ao valor que o franqueador paga ao proprietário do imóvel na locação originária do ponto comercial, desde que:

I – essa possibilidade esteja expressa e clara na Circular de Oferta de Franquia e no contrato; e

II – o valor pago a maior ao franqueador na sublocação não implique excessiva onerosidade ao franqueado, garantida a manutenção do equilíbrio econômico-financeiro da sublocação na vigência do contrato de franquia.

Art. 4º Aplica-se ao franqueador que omitir informações exigidas por lei ou veicular informações falsas na Circular de Oferta de Franquia a sanção prevista no § 2º do art. 2º desta Lei, sem prejuízo das sanções penais cabíveis.

Art. 5º Para os fins desta Lei, as disposições referentes ao franqueador ou ao franqueado aplicam-se, no que couber, ao subfranqueador e ao subfranqueado, respectivamente.

Art. 6º (VETADO).

Art. 7º Os contratos de franquia obedecerão às seguintes condições:

I – os que produzirem efeitos exclusivamente no território nacional serão escritos em língua portuguesa e regidos pela legislação brasileira;

II – os contratos de franquia internacional serão escritos originalmente em língua portuguesa ou terão tradução certificada para a língua portuguesa custeada pelo franqueador, e os contratantes poderão optar, no contrato, pelo foro de um de seus países de domicílio.

§ 1º As partes poderão eleger juízo arbitral para solução de controvérsias relacionadas ao contrato de franquia.

§ 2º Para os fins desta Lei, entende-se como contrato internacional de franquia aquele que, pelos atos concernentes à sua conclusão ou execução, à situação das partes quanto à nacionalidade ou domicílio, ou à localização de seu objeto, tem liames com mais de um sistema jurídico.

§ 3º Caso expresso o foro de opção no contrato internacional de franquia, as partes deverão constituir e manter representante legal ou procurador devidamente qualificado e domiciliado no país do foro definido, com poderes para representá-las administrativa e judicialmente, inclusive para receber citações.

Art. 8º A aplicação desta Lei observará o disposto na legislação de propriedade intelectual vigente no País.

Art. 9º Revoga-se a Lei nº 8.955, de 15 de dezembro de 1994 (Lei de Franquia).

Art. 10. Esta Lei entra em vigor após decorridos 90 (noventa) dias de sua publicação oficial.

Brasília, 26 de dezembro de 2019; 198º da Independência e 131º da República.

JAIR MESSIAS BOLSONARO

Paulo Guedes

CONSIDERAÇÕES FINAIS

Construir este livro foi uma experiência maravilhosa, das melhores que tive!!

Desde a ideia de fazer, dos meses pensando em como seria, em cada colega que liguei para expor o projeto e solicitar sugestão de um franqueado dentro do perfil alinhado para o livro, que tivesse em sua trajetória inspirações para compartilhar, passando pelas entrevistas! Ah, essas foram um caso à parte. Não houve uma sequer em que não houvesse um momento de emoção, que eu não terminasse energizado pela pessoa que estava do outro lado.

Conseguir unir minha atividade profissional com um tema que envolve subjetividade, mas, sobretudo, valores, alma e vida, foi muito gratificante.

Independentemente de seguir no caminho do empreendedorismo pelo sistema de franquias ou não, se de alguma forma as histórias aqui compartilhadas contribuírem para alguma evolução, alguma melhoria, alguma decisão em sua vida, certamente já terá mais que valido a pena este trabalho.

Se você gostou, conte para todo mundo, presenteie com o livro, recomende, espalhe por aí. Se não gostou, não perca a oportunidade de me contar, pois somente assim saberei como fazer diferente nas próximas vezes que eu embarcar novamente em um trabalho como este. Ah, também fique à vontade para me acionar nas redes sociais quando precisar de alguma dica ou orientação sobre o sistema de franquias. Você poderá facilmente me encontrar.

Meu mais carinhoso agradecimento por ter dedicado seu tempo, que é o bem mais valioso que você possui.

Arlan Roque

POSFÁCIO

Como diz o velho ditado popular, "quem corre por gosto não cansa".

A deliciosa leitura do livro do Arlan nos mostra lindas e inspiradoras histórias de superação, conquistas e sucessos. Mas o que todas têm em comum? O que elas nos ensinam?

Com certeza, cada leitor terá sua lista de características e quais considera de maior destaque, e não tenho dúvida de que cada vez que relermos as histórias, em momentos diferentes de nossas vidas, teremos novos aprendizados, um novo olhar.

E, para mim, se tivesse que escolher apenas três entre tantos aprendizados, destacaria:

PAIXÃO, DETERMINAÇÃO E CORAGEM.

PAIXÃO!

Todas as histórias de superação e conquistas deste livro têm em comum uma forte carga de paixão, garra e propósito.

Paixão pela vida, fazer as coisas com amor e com pessoas ao seu lado que apoiam, incentivam e trazem o melhor de você.

A jornada empreendedora é por natureza desafiadora, pois qualquer atividade empresarial envolve riscos. Franquia não é garantia de sucesso, mas permite que o empreendedor minimize seus riscos, desde que a escolha da franquia parceira esteja atrelada a valores compartilhados, o processo seja feito de forma transparente e as partes estejam alinhadas quanto à expectativa do negócio.

De uma maneira simples, os fatores de sucesso do sistema de *franchising* são determinados pelo tripé: franqueado com perfil, e engajado, ao sucesso do modelo do negócio do sistema de franquia e ao *market mix*, os tradicionais 4 "Ps" de marketing: preço, produto, promoção e ponto, de Kotler.

Mas pessoalmente tenho uma visão de que esses fatores sozinhos não são suficientes para garantir um diferencial competitivo ao sistema de franquia. A essa equação, acrescentaria 5 Ps: PROPÓSITO, PESSOAS, PROCESSOS, PADRÃO E PARCERIAS.

PROPÓSITO é o que nos motiva a acordar todos os dias, acreditando que vale a pena o esforço.

Uma definição que muito me agrada de propósito é a do educador, escritor e filósofo Mario Sergio Cortella: "Uma vida com propósito é aquela em que eu entenda as razões pelas quais faço o que faço e pelas quais deixo de fazer".

Com certeza, o que motiva o franqueador, o propósito dele, será totalmente diferente do que motiva cada um dos franqueados, da mesma forma, cada um dos *stakeholders* da organização.

Somos seres únicos, indivíduos, PESSOAS, com necessidades e motivações próprias, e não podemos esquecer que as organizações são formadas por indivíduos, logo a relação corporativa tem uma dinâmica complexa que nos leva constantemente ao conflito.

Por isso que defino o sistema de franquias como a arte de administrar conflitos.

E o conflito não necessariamente é uma coisa ruim. Na realidade, é ele que nos desafia a buscar o melhor de cada um de nós, buscar as melhores soluções e as melhores respostas para convivermos na organização de forma a sermos felizes e atingirmos nossos objetivos. O sucesso do franqueador depende do sucesso do seu franqueado e todos os agentes envolvidos nesta rica cadeia de valor!

E essa é a essência do sistema de franquias, sustentadas por relações interpessoais.

Por isso que os contratos firmados, na sua grande maioria dos casos, nas relações de franquia são "*intuitu personae*", também definidos como "personalíssimos", que são os contratos que são realizados se levando em consideração a pessoa da parte contratada. Baseiam-se, geralmente, na confiança que o contratante tem no contratado. Só ele pode executar sua obrigação.

E essas obrigações de fazer devem estar claras em PROCESSOS, bem definidos, que no sistema de franquia definimos como formatação do sistema de franquias, que vão além de manuais, mas em todas as formas de comunicação e transferência do "*know-how*", o conhecimento do negócio, seja em treinamentos, encontros regionais, grupos de trabalhos, convenções, portais de relacionamento, universidades corporativas, entre outras formas de relacionamento dos agentes envolvidos.

Por isso que o franqueado de sucesso é justamente o que participa do sistema, contribui com seu aperfeiçoamento e é engajado. Não espera o sucesso, busca o sucesso usando a seu favor todas as ferramentas que estão a sua disposição, para o bem comum. Quanto mais forte for a marca, mais reconhecido for o sistema, maior a chance de sucesso.

E a excelência que buscamos no sistema de franquias para vender nosso produto e serviço, que gere valor à marca e reconhecimento do público, chamamos de PADRÃO.

O sistema de franquia se fortalece com o padrão.

Mas nada disso acontece por acaso ou pelo esforço único de um dos agentes. Ele é resultado do esforço, trabalho e engajamento de todos os envolvidos, os PARCEIROS: equipe franqueadora, franqueados, colaboradores e fornecedores, que devem compartilhar valores em comum. A escolha dos parceiros é o ponto chave de sucesso de qualquer relação.

E a arte de empreender e participar desse sistema maravilhoso e empolgante de franquias exige muita DETERMINAÇÃO e CORAGEM.

Determinação, pois exigirá muito esforço. Os desafios de empreender no Brasil são inúmeros: dinâmica da economia, questões tributárias, trabalhistas, de logística, entre outros que o controle não depende de nós, faz parte da realidade e do ambiente de negócios, e é igual para todos, logo nosso foco deve estar nas questões que dependem de nossas ações, nossas escolhas, nosso planejamento: o que quero? Nossa meta e objetivo; o que faço? estratégia; como implemento? Execução; e como acompanho o resultado? Controle!

A dinâmica empresarial de uma pequena, média ou grande empresa é a mesma, o que muda é a escala, por isso, quando nos vemos diante de tantos desafios, temos que ter CORAGEM para agir, fazer escolhas e tomar decisões. Não existe a opção da omissão. Somos protagonistas de nosso destino.

Mas nesta jornada, no sistema de franquias, você não está sozinho, você faz parte de algo maior que, com valores compartilhados, objetivos em comum e confiança das partes, minimiza os riscos, oferece mais segurança e o prazer de fazer parte, sentido de pertencimento que nos fortalece mesmo diante dos obstáculos que, com certeza, todos passaremos, afinal, franquia não é garantia de sucesso e toda e qualquer atividade empresarial envolve riscos.

Aproveite sua jornada!

João Baptista

João Baptista da Silva Junior é diretor de franquias e expansão do Rei do Mate. Formado em Administração de Empresas pela FAAP com MBA em Gestão de Franquias pela FIA PROVAR, é também conselheiro de administração formado pelo IBGC - Instituto Brasileiro de Governança Corporativa.
Atualmente é coordenador da Comissão de Food Service da ABF, instrutor habilitado da ABF, sócio-fundador da ANR - Associação Nacional de Restaurantes. Ele tem mais de 30 anos de experiência em *franchising*, sempre atuando ativamente para fortalecimento do setor.